幼稚園・保育園のクラス担任シリーズ⑤

0～5歳児の カンタン劇あそび BEST 13

発表会は これで完璧！

グループこんぺいと編著

黎明書房

はじめに

子どもが楽しめる子どものための劇あそびを

　年に1～2回の発表会というと、「がんばって成功させたい」と、ついつい肩に力が入ってしまいがちですね。でも、ちょっと待って。何のための発表会か、発表会を通して子どもたちのどんなところを伸ばしたいのか、もう一度じっくりと振り返ってみましょう。

　保育者が一生懸命になりすぎて、シミュレーション通りにいくまで練習を何回もさせたりすると、子どもたちはいきいきした表情をなくし、いつの間にか「子どものための劇あそび」でなくなってしまいます。子どもたちにとって、楽しいわくわくする劇あそびにするには、保育者自身も「子どもたちと一緒に楽しむ気持ちをもつ」ことが大切ですね。

　また、どんなに素晴らしい台本を用意しても、その時期の子どもの成長や興味・関心に合ったものでないと、劇あそびは盛り上がりません。

　演目を決めたら、まずはそのお話をしたり歌を歌ったりして、子どもたちがどこに興味をもつのか、反応を見てください。興味がのらないようなら、年齢に無理はないか、今の子どもたちが好きなことを取り入れてみたらどうかなどと、台本を調整しながら進行させましょう。

　「ここに、みんなの好きな○○ごっこを入れてみようか」「先生、もっと違う○○のほうがいいよ」などとやりとりをしながら、台本がどんどん変わっていくことがあるでしょう。あらかじめ子どもたちの意見を取り入れる調整の時間も入れて、余裕をもって進めることも大切です。その時間は、子どもたちが劇あそびを自分たちのものにするための時間、といえるでしょう。

菅野満喜子（グループこんぺいと代表）

もくじ

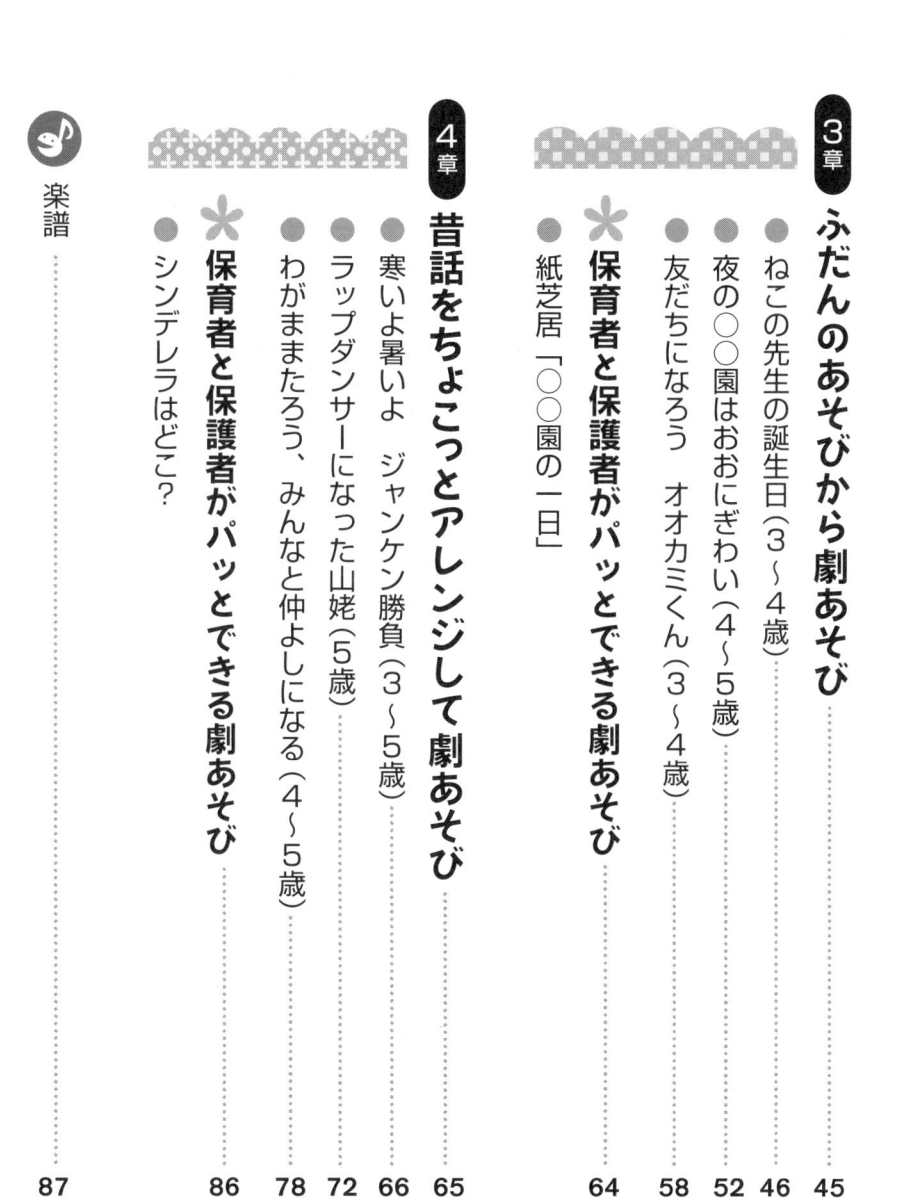

column

1章

0・1・2歳児のあそびから 劇あそび

0・1・2歳児は、保護者の前で何かを発表するというよりも、ふだんのあそびを生かして、楽しくあそんでいるようすを伝えられるとよいですね。発表会を、子どもの成長を保護者に見てもらう機会にしましょう。

0・1・2歳

いつものあそびをそのまま発表会に

変身電車「何になるのかな？」

電車ごっこから、お風呂屋さん、保育園（幼稚園）と、ごっこあそびを展開させます。ロープが変身して、「かもつれっしゃ」の替え歌を歌いながら、楽しく電車を走らせましょう。年齢によっては、ハイハイで保育者のあとについていくだけでもOK。

Start!

電車に乗ってどこに行こうかな？

①保育者

▼これから○○組の電車が出発しま〜す。

保育者が運転士、子どもたちがお客さんになって乗って、電車が登場。保育者たちが「かもつれっしゃ」の替え歌を歌い、ロープの電車がゆっくり動く。2〜3人の保育者が動物のお面をかぶって駅員になり、舞台に立つ。

（歌詞は9ページ、楽譜は巻末87ページ）

○○組の電車が
出発しま〜す！

②保育者

▼こぶた駅、こぶた駅、お降りの方はいませんか？
あら、だれもいませんね。
はい発車！

こぶた→くま→うさぎ→ライオンなど、いろいろな動物の駅に着いたら止まり、声をかけてまた動く、を繰り返す。

こぶた駅ですよー
くま駅だぞ
うさぎ駅よー

POINT

ロープが電車からお風呂屋や園の教室に変身します。ふだんから電車ごっこであそんでいると、子どもたちも変化を楽しめます。

変身１ お風呂、ジャッポーン！

ロープの電車に乗って、「かもつれっしゃ」の歌を歌いながらゆっくり動く。

①保育者

▼たくさん電車に乗ったから、お風呂に入ろうか？

子どもたちに聞いて、応答の言葉を引き出そう。

②保育者

▼お風呂屋さんに向かって発車！

「かもつれっしゃ」を歌いながら電車に乗って動く。

③保育者

▼お風呂屋さんに着きました！

ロープをお風呂にして床に置こう。

お風呂屋さんに行こう!!
おおーっ!!
♪かもつれっしゃ～♪

④保育者

▼みんな一緒に入ろうね。１、２、３！ジャッポーン。

全員でお風呂に飛び込むまね。

⑤保育者

▼体を洗って、よくあったまってね。

お風呂から出るまねをしたり、保育者が短いホースを持ち、シャワーで頭を洗うまねをしたり、布で体や手足を洗うまねをする。

⑥保育者

▼さあ、きれいになりました。お顔を拭いて、おうちに帰りましょうね。お風呂屋さん、バイバーイ。

ロープの電車に乗って、舞台をひとまわりして退場。

さあ、みんなシャワーだよー!
ゴシゴシ
えいっえいっ

変身2 「電車ごっこ」から保育園・幼稚園ごっこへ

電車ごっこでいろんな駅に止まり、また発車を繰り返す。

①保育者

▼そろそろ保育園に行く時間よ。みんなカバンを持って帽子をかぶって、保育園に行きましょう。

子どもたちは舞台に置いてあるカバンを背負い、帽子をかぶる。

②保育者

▼お仕度できたかな？みんなに見せてあげようね。

観客に仕度ができた姿を見てもらおう。また「かもつれっしゃ」を歌いながら電車に乗って動く。

POINT

保育者は、できない子には手助けをし、みんなができて、観客に見せることができるようにします。

③保育者

▼○○保育園に着きました。

ロープを丸くし、教室にしてその中に椅子を置く。子どもたちはカバンを下ろし、帽子を脱いで手に持ち、椅子に座る。

④保育者

▼みんな椅子に座れたかな？では、お名前を呼びまーす。

全員が座ったのを確認し、一人ひとり名前を呼ぶ。

GOAL エンディング

①保育者

▼○○ちゃん
どこですか？

子どもの名前を呼んで、それに子どもが返事をしたり、「あなたのお名前は？」をみんなで歌い、自分の名前を答えてもらう。

POINT

お立ち台や輪などの目印があると、友だちと名前が一致します。嫌がるときは、保育者が子どものそばまで行き、代わりに答えるとよいでしょう。

②保育者

▼じゃあ、お家に帰ろうね。

保育者の合図で、またカバンを肩から下げ、帽子をかぶって「さようなら」。電車に乗って退場する。

かもつれっしゃ

作詞／山川啓介　作曲／若松正司

かもつれっしゃ ──▼ 【替え歌】○○でんしゃ（クラス名やグループ名にする）
シュッシュッシュッ
いそげいそげ
シュッシュッシュッ
こんどのえきで ──▼ こぶたえきまで（移動先や次の活動を駅名にする）
シュッシュッシュッシュッ
つもうよにもつ ──▼ いそげやいそげ
ガチャン

column

成長を見てもらうことを目的に

0・1・2歳児のうちは、劇あそびといっても、大勢の前で何かを演じるのは、まだ無理でしょう。むしろ、「こんなことができるようになりました」というような、子どもたちの成長を保護者に見てもらう機会にしましょう。場所も、あらたまった舞台ではなく、ふだん過ごしている保育室のほうが、子どもたちはリラックスして劇あそびを楽しむことができるでしょう。

0・1・2歳

体あそびを組み合わせて

アイアイ探検隊が行く

大きなバナナの家まで、いろいろな障害物を乗り越えていくおさるさんたちの冒険ストーリーです。くぐったりジャンプしたり、ふだんの体あそびを組み合わせて、子どもたちの成長が感じられる劇あそびにしました。子どものようすを見ながら、保育者のナレーションで劇を進めましょう。

衣装

● 紙袋の帽子お面

①頭が入る大きさに紙袋の深さを調節してカット！

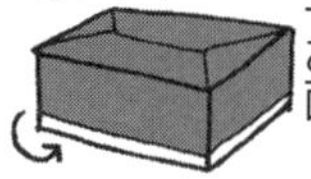

②顔と目を貼る

ゴム

● おさるのしっぽ

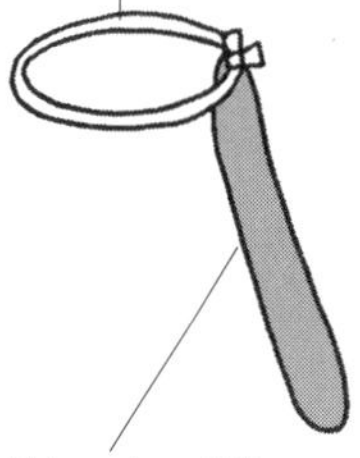
腰にはめるゴム
ストッキングやくつ下の中に詰め物をする

大道具

● 段ボールのトンネル

段ボールのトンネルに絵の具で木を描く
スズランテープをのれん状に

● 跳び箱の小山

跳び箱に山形に切り抜いた段ボール板を貼りつける

表は山らしくペイント
裏
バナナ
ドア

● 平均台の橋

平均台の背景に、段ボール板に描いた川の絵を置く

● バナナの家

葉型に切った色画用紙を貼る
壁は段ボール板にペイント

1 おさるさんになりきろう

① 保育者

▼今日はアイアイ探検隊のおさるさんたちが○○園にあそびに来てくれましたよ。呼んでみましょうね。おさるさーん！

おさるさんの帽子をかぶり、しっぽをつけた子どもたち登場。それぞれ前の子どものしっぽにつかまり、つながって歩く。

② 保育者

▼これから、おさるさんたちが「アイアイ」の歌を歌って、踊ってくれるんですって。（歌詞は13ページ、楽譜は巻末87ページ）

「アイアイ」の歌を、テナガザルのように両手を動かしたり、おさるのポーズをしたりしながら、おさるの気分になって歌う。

アイアイ探検隊の登場でーす！

アーイアイ
おさるの気分で踊ります！

POINT

見ている保護者にも手拍子しながら歌ってもらうと、子どもたちと一体になれて楽しいです。

③ 保育者

▼すてきな踊りでしたね。おさるさんたち、今度はかっこいい探検を見せてくれるんですって。どんな探検かな？

子どもたち、しっぽでつながって退場。

おさるさんたち また来てねー！
バイバーイ

連結

①ペットボトルをつなげてバナナの木を作る(一番下には水を入れる)
②木の色にペイントした段ボールを貼る
③バナナの葉型に切った色画用紙をつける

2 アイアイ探検隊の冒険

④ 保育者

▼さあみなさん、アイアイ探検隊のおさるさんたちの登場です。

「アイアイ」をテーマソングにして、お面としっぽをつけたアイアイ探検隊が登場。

⑤ 保育者

▼すごく長～いトンネルをくぐりまーす。

あ、○○ちゃんが顔を出しましたよ。

ハイハイでやぶのトンネルをくぐる。

POINT

細いトンネル、長いトンネル、すだれトンネルなど、いくつかを組み合わせて作り、通り抜けを楽しみましょう。トンネルの出口は、客席から子どもの顔が見える位置に置きます。

3 バナナのおうちに到着

バナナの家を舞台に出す。

⑨ 保育者

▼着いたところは、バナナのおうちです。おいしいバナナを1本取って、みんなで「いただきまーす!」。

バナナを食べるまねをしたら、バナナを持って「アイアイ」を歌う。

歌の最後の「♪おさーるさんだよ」で、各自好きなポーズで決めよう。

POINT

失敗したり途中でやめてしまって、全部のあそびができなくても、最後のバナナを取るところは一緒にやれるように、保護者が援助しましょう。

⑥保育者

▼次は小山を上ってジャンプ！　かっこよく飛び降りますよ！

ジャンプができなければ、ハイハイで上って降りてもよい。

⑦保育者

▼あら、川がありますよ。落ちないように気をつけて、橋を渡ってね。

横向きのカニさん歩きで渡る。怖がるときは、保育者が手を添え、慣れたら1人でトライ。

⑧保育者

▼クネクネ道はハイハイで進みまーす。

ビニールテープなどでクネクネ道を作り、ハイハイで進む。舞台の袖まで道を作っておくと、しぜんに子どもが退場できる。

POINT

早く進む必要はありません。保育者が声をかけながら、一人ずつゆっくりと、何回か繰り返し進みましょう。

小山を上って ジャンプ！
川に落ちないようにね
クネクネ道でーす！
退場方向
ジャンプッ
そろり
そろり
ビニールテープなどをクネクネ道状に貼る。

アイアイ

作詞／相田裕美　作曲／宇野誠一郎

1
アイアイ　アイアイ　おさるさんだよ
アイアイ　アイアイ　みなみのしまの
アイアイ　アイアイ　しっぽのながい
アイアイ　アイアイ　おさるさんだよ

2
アイアイ　アイアイ　おさるさんだね
アイアイ　アイアイ　このはのおうち
アイアイ　アイアイ　おめめのまるい
アイアイ　アイアイ　おさるさんだね

column

保護者も一緒にあそぶ機会に

0・1・2歳児の劇あそびでは、子どもたちの成長を見てもらうだけでなく、参観をかねて、親子で一緒にあそぶ機会にしてもよいでしょう。保護者は、あそび方や歌を意外と知らないので、親子で一緒に楽しみながら、子どもとの触れ合い方を伝えていきます。

0・1・2歳

いつもの歌あそびを取り入れて 動物のあてっこあそび

動物の絵や写真を、絵本やカードで見せながら歌います。はじめに保育者が歌い、子どもたちが歌って応えます。子どもたちは保育者が歌う鳴き声や形態をまねして歌うだけでも楽しめます。

Start!

何の動物かわかるかな？

①保育者

▼さあ、これからいろんな動物さんが出てくるから、みんな大きな声であてっこしてね。

歌詞に登場するぬいぐるみやパペットを用意する。保育者はそれを手に持ち、歌詞に合わせて、一人ずつさわりながら歌う。

⑥みんなで

▼♪ピョン ピョン ピョン ピョン
うさぎ
（両手を長い耳にして
両足ジャンプ）

♪ポン ポン ポン ポン
たぬき
（グーの手で腹づつみ）

♪パオー パオー パオー パオー
ぞう
（片手を長い鼻にして動かす）

② 保育者

▼♪ワンワンワン ワンワンワン
なんでしょう（楽譜Ⓐ）

子どもたち

▼♪ワンワンワン ワンワンワン
いぬです（楽譜Ⓑ）

耳のように両手を頭につけ、動かして歌う。

③ 保育者

▼そう、元気ないぬさんが出てきましたね。もう一度、いぬさんになって鳴いてみようか。
1、2、3！

④ 子どもたち

▼ワンワンワンワン。

⑤ 保育者

▼じゃあ、この次は誰かな？

同様に、いろいろな動物で歌ってみよう。

♪ニョロ ニョロ ニョロ ニョロ
へび
（腹ばいになりニョロニョロ動く）

♪ニャー ニャー ニャー
ねこ
（ねこの手で交互に動かす）

♪チョン チョン チョン チョン
ことり
（両手でくちばしを作る）

♪パカ パカ パカ
うま
（両手をグーにして前に出し、手綱を操るようにして上下に動かす）

POINT

子どもたちの正面で、子どもたちと歌い、動作を一緒にする保育者がいると楽しくできます。

GOAL リクエストに応えよう

①保育者

▼はい、たくさんの動物さんが出てきましたね。お客さまのみなさん、リクエストはありますか?

観客に聞いて、リクエストに何回か応える。

②保育者

▼では最後に、一人ずつお名前を言ってお別れしましょうね。

一人ずつ子どもにマイクを向けて、名前を言ってもらう。

はい
おなまえは?
○○です

POINT

子どもの言った名前を、保育者がもう一度復唱し、みんなに聞こえるようにします。言えない子は、保育者が代わりに言いましょう。

衣装

● 動物のお面と帽子

基本形は同じ。耳や顔の表情を変えるといろいろな動物になります。

①ラシャ紙などで大きなコーンを作る。

②キラキラテープやキラキラ折り紙を切って貼る。

③動物のお面を貼った旗を万国旗のように下げ、舞台に置く。

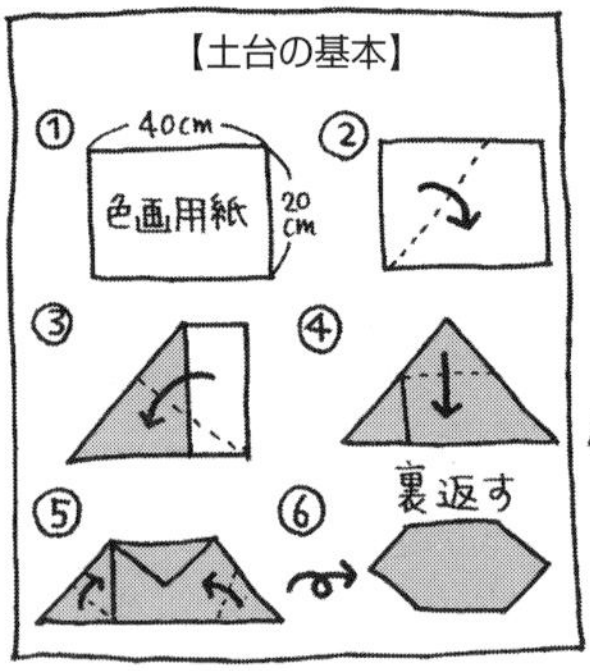
【土台の基本】
①
40cm
色画用紙
20cm
②
③
④
⑤
⑥
裏返す

このように置く。

ぺたっ
くるっ
パンチで穴を開け、ゴムを通す。
たぬき
ねこ
ぞう
うさぎ

バリエーション

「コブタヌキツネコ」で元気にお返事

① 保育者

▼たぬきさんはど～こ？お返事してね。

こぶた・たぬき・きつね・ねこのうちから、子どもたちが好きな動物を選んで、その動物の耳をつけた体育帽をかぶる。動物ごとに集まっていると、返事がしやすい。

② 保育者

▼今度は、鳴き声でお返事してね。こぶたさ～ん。

全員で「コブタヌキツネコ」を歌い、保育者が呼んだら「ブーブー」と、こぶたの鳴き声で返事をする。ほかの動物も同様にする。

こぶたくん
おなまえ言ってね

こぶた♪
ブー
ブー

③ 保育者

▼仲間で集まって、お散歩しましょう。きつねさんたち、お散歩に行ってらっしゃーい。

名前を呼ばれた動物の子どもたちは、元気に返事をし、手をつないで鳴き声で歌いながら、保護者のそばをリズミカルに歩く。

POINT

散歩は保育者が誘導し、保護者に手拍子でリズムを取ってもらいます。

④ 保育者

▼そろそろお帰りの時間になりました。みんな気をつけて帰りましょうね。バイバーイ。

観客に手を振って退場。

たぬきさん
お散歩ですよー
ハーイ

0・1・2歳

ペープサートでミニ劇場

こんにちはバイバイ

子どもが緊張しないように、観客と同じ高さの舞台を作って劇あそびをします。恥ずかしがったり、ポカンとしてしまう子がいたら、保育者が一緒にやると、いつもの活動の雰囲気でリラックスできるでしょう。

1 舞台の上からこんにちは

① 保育者

▼○○組劇場にようこそ。
これから○○組のスターが登場しまーす。
○○ちゃーん。

床をビニールテープで仕切って舞台にし、幕を下げる。幕をパーッと開け、子どもが自分の顔のペープサートを手に持って、返事をしながら登場。

POINT

名前を呼ばれても、まだ一人で登場できない子もいます。保育者が舞台の中央に誘導しましょう。

② 保育者

▼こんにちは。では、インタビューします。お名前は?

名前を呼ばれたら、自分のペープサートを正面に向けて動かして返事をする。自分で名前を言ってもらったり、「何歳ですか?」「朝ごはん、何食べたの?」「好きな食べ物は?」など、一人ひとりに正面を向かせてインタビュー。

2 歌を歌ってバイバイ

③保育者

▼みんな元気に答えてくれましたね。

舞台に全員並んで、観客のほうを向く。

④保育者

▼では、最後に「お花がわらった」を歌いますよ。ペープサートのお花をみんなに見せてあげましょうね。

ペープサートの裏にあらかじめ花の絵を描いておき、裏返して歌いながら左右に振る。歌い終わったら、保育者が開けたカーテンをくぐって退場。観客は拍手で送る。

POINT

保育者が中心になって歌い、ペープサートは裏返すのをサポートしてあげるとよいでしょう。

バリエーション

ペープサートでいないいないばあ

0・1歳児など、まだ自分で舞台に登場することができない子は、保護者と一緒に作ったペープサートを持って、はじめから舞台の上にいてあそびます。

⑤保育者

▼はじめに、ぞうさんいますか。そう、いましたね。ではくまさ〜ん。

ほかの動物も順に呼ぶ。

⑥保育者

▼では、動物さんたちと、いないいないばあしましょうね。

⑦保育者

▼動物さんたちも楽しそうだったね。またあそぼうね。バイバーイ。

みんなで歌おう「山小屋いっけん」

保育者や保護者が山小屋・おじいさん・うさぎ・りょうしのお面をかぶり、歌に合わせて動きます。子どもたちにも歌ってもらいましょう。

（台詞はすべて保育者）

①はじめに保育者がナレーションして歌に入る。
「森の中に山小屋が一軒ありました。そこにかわいいうさぎがぴょんぴょんぴょん…。あれれ、なんだか怖がっているみたい。」

②歌に合わせ、山小屋・おじいさん・うさぎ・りょうしが登場。

山小屋いっけん　作詞／志摩　桂　アメリカ民謡　（楽譜は巻末88ページ）

①やまごやいっけん ありました
両手で家の形を作る(家)

②まどからみている おじいさん
額に手をあて左右を見る（おじいさん）

③かわいいうさぎが ぴょんぴょんぴょん
ぴょんぴょん跳んでくる（うさぎ）

④こちらへにげてきた
おじいさんのほうに跳ぶ

⑤たすけて！たすけて！ おじいさん
ぶるぶる震える様子

⑥りょうしのてっぽう こわいんです
人差し指を鉄砲にして撃つまね

⑦さあさあはやく おはいんなさい
手をつないだ家の中に手招きする（おじいさん）

⑧もうだいじょうぶだよ
うさぎの頭をなでる

2章 いつもの歌から劇あそび

子どもたちがいつも歌って、慣れ親しんでいる歌を劇あそびに発展させます。歌の中の登場人物を個性的にしたり、替え歌を作ったりして楽しく劇あそびをしましょう。

3〜4歳

「赤鬼と青鬼のタンゴ」から

赤オニ青オニ、力を合わせて綱引き勝負

どっちが強いかでケンカしている赤オニと青オニの間に、○○園の子どもたちが仲裁に入ります。自分たちの園名やクラス名を入れて演じると、盛り上がるでしょう。体の大きな大オニに全員が力を合わせて立ち向かうところは、ダイナミックに動きます。

劇あそびを始める前に…

メロディーに親しむ

朝のあそびの時間、昼食後など、メロディーをピアノなどでひき、十分曲に親しんでから歌うようにします。歌えるようになったら、劇あそびのストーリーを話して聞かせ、赤オニ、青オニ、子どもたちの3グループに分けます。グループごとにあそんだり、お弁当を食べたりして、グループ意識を高めましょう。

綱引きしよう

赤オニ対青オニ、オニ対子どもたちの綱引きであそびます。がんばって引っ張ったり元気に応援したり、綱引きの面白さを体験します。自分たちで綱を運び、片づけもやってみましょう。

2人組でタンゴのリズムで動こう

歌の後半のタンゴのリズムに合わせ、2人組で自由に踊ってみましょう。2人の組み方とリズムに慣れたら、簡単な振りつけで踊ってみます。

赤オニ青オニ、力を合わせて綱引き勝負

登場人物と衣装

●赤オニたち
赤い服を着る

●青オニたち
青い服を着る

●○○園の子どもたち

●大オニ（なるべく男性の保育者）

●ナレーター（保育者）

大道具・小道具

●オニの角
円錐形の色画用紙に模様を描き、黒の色画用紙のベルトに貼ってゴムひもをつける。

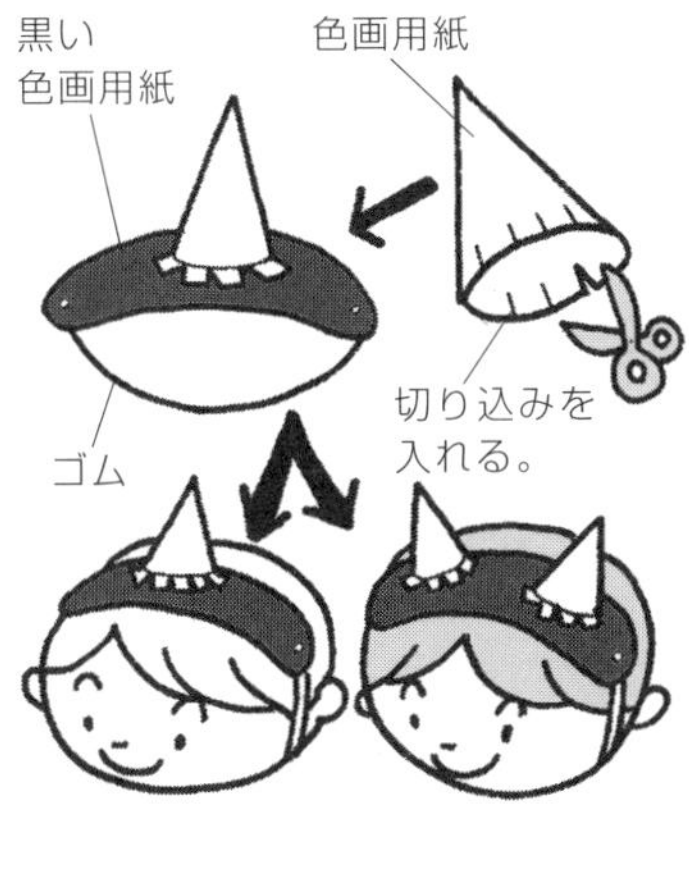

色画用紙
黒い色画用紙
切り込みを入れる。
ゴム

●切り株

茶色の紙をバケツに貼る
切り込みを入れる
折り込む
葉っぱをつける
こげ茶の紙を貼る
年輪を描いたベージュの紙を貼る

子ども①▼ねえねえ、赤オニからお手紙が来たよ。
青オニとケンカしたんだって。

子ども②▼ボクには青オニから手紙が来た。味方になってほしいんだって。

子ども③▼もうすぐお祭りなのに……。
ねえ、ボクたちで仲直りさせてあげるのはどうかな。

子どもたち▼うん、それはいい！　みんなで森に行こう。

子どもたち▼♪あきかぜの　わすれもの～　とどいた

ナレーター▼ここは山の奥深い森の中。
赤オニたちと青オニたちが大ゲンカしていますよ。

赤オニたち▼へん、赤オニのほうが強いんだよ！

青オニたち▼い～や！　青オニの方が強い！

赤オニたち▼赤オニがつ・よ・い！

幕前。
〇〇園の子どもたちが登場し、話し合っている。

幕開く。

幕のかげで歌う。

祭りばやしの音楽。ナレーションが始まったら小さくする。

大声でいばって言う。

負けまいと、もっと大声で。

立ち上がり、「強い」で胸をたたく。

赤オニ青オニ、力を合わせて綱引き勝負

青オニたち▼青オニがつ・よ・い！

POINT どうやったら強そうに見えるか、いろいろなポーズをグループごとに話し合ってみましょう。

子ども①▼ちょっとちょっと、赤オニも青オニも、ケンカはやめなよ。

子ども②▼ねえ、どっちが強いか、綱引きで決めたらどう？

オニ全員▼それはいい。よ——し、綱引きで力くらべだ！

赤オニたち▼エイエイオー！

青オニたち▼がんばるぞー！

全員▼みんなで綱を運ぼう。よいしょ、よいしょ。

POINT 一番盛り上がるところですが、子どもたちが興奮しすぎないように、保育者が力の加減を調節するとよいでしょう。応援も音頭を取ってそれに合わせましょう。

子ども③▼赤オニ、青オニ、用意はいい？

オニ全員▼おお——！

立ち上がり、「強い」で片足で床を強くける。両者腕を組んでにらみ合う。そこへ、園の子どもたち登場。

赤オニ、青オニ、それぞれが円陣を組んで、エールを交わす。

全員で舞台のそでに用意した綱を中央まで運び、オニたちは赤と青が左右に分かれ、綱を持つ。綱の位置はビニールテープで印をしておく。

子どもたちは中央に立つ。

子どもたち▼よーい、どん！

オニたち▼よいしょよいしょ、よいしょよいしょ。

子どもたち▼どっちもがんばれ、がんばれ。

保育者▼どーーん！　どーーん！

ナレーター▼さあ、みなさん。どちらが勝ったでしょうか？

……おやおや、引き分けです。

子ども①▼なーんだ。両方とも強いんだね。

子ども②▼よかったよかった。さぁ、仲直りしようよ。

赤オニ 青オニ▼うん、そうだね。

ナレーター▼あ、たいへんです！　どうやら大オニがやってきたようです。

大オニ▼わっはっは、一番強いのは、おれさまだー！

赤オニ▼大丈夫。みんなで力を合わせれば大オニに勝てるよ！

全員▼おー!!

どん（大太鼓）の合図で、綱を引き合う。

うちわや旗を持って応援。どちらを応援するかはあらかじめ決めておく。

保育者が太鼓を2度鳴らす。

赤オニ、青オニ、「こっちが勝った」と言い合いをする。

赤オニと青オニ、肩を組む。

ドスーン、ドスーン。（効果音）

男性の保育者などが大オニに扮して登場。

赤オニ青オニ、力を合わせて綱引き勝負

POINT
はじめは赤オニたちだけでやって負け、青オニが加わっても負け、子どもたちも加わったら大オニに勝ち、みんなが力を合わせれば勝てることを表現します。

大オニ ▼ 楽しそうだったから、ホントは仲間に入りたかったんだ。

赤オニ ▼ なーんだ、はじめからそう言ってよ。

ナレーター ▼ あれ、赤オニさん、青オニさん、○○園のみなさん、そして大オニさん。何か忘れてはいませんか？

全員 ▼ そうだ！　今日はお祭りだ！

青オニ ▼ 大オニさん、一緒に踊ろうよ。

大オニ ▼ え、いいの!?

ナレーター ▼ これからオニたちと子どもたちがタンゴのリズムに合わせて踊ります。みなさんも歌に合わせて手をたたいてくださいね。

全員 ▼ 【歌・踊り　「赤鬼と青鬼のタンゴ」】
（振り付け・歌詞は28・29ページ、楽譜は巻末89ページ）

ナレーター ▼ みなさん、赤オニと青オニの綱引きはおもしろかったですか？　みんなで力を合わせてがんばれば、何でもできちゃいますね。

大オニ、ションボリして言う。

歌のメロディーが小さく聞こえてくる。

綱を片づけ、カスタネット、タンバリン、鈴、ウッドブロックなどの楽器を中央に運ぶ。みんなそのまわりに座る。

ピアノの音を小さく流す。頭を下げてあいさつ。退場。

歌とおどり

赤鬼と青鬼のタンゴ （楽譜は巻末89ページ）

作詞／加藤 直　作曲／福田和禾子

①あきかぜの わすれもの
ゆうやけ ピーヒャララ
こんもり ふかい
やまおくに

ピアノの前奏が始まったら、みんな楽器を持ち、好きなように鳴らす。歌いながら、リズムに合わせて体を揺らす。

②かぜにのって
とどいた

楽器を置き、両手を上げてそよそよと風のように動かす。

⑤つきにひとみ

（A）前に4拍、歩いて進む。

⑥ロンロンロンロン

（B）その場で前に出した手を上下に4回動かす。

⑦だんだらつの

（A）

⑧ツンツンツンツン

（B）

⑨ああ

（C）前に出した手を大きく1回まわす。

赤オニ青オニ、力を合わせて綱引き勝負

③つのつの いっぽん
あかおにどん
つのつの にほん
あおおにどん

赤オニ、青オニそれぞれが前に出て、力強くガッツポーズしたあと、舞台の両側に並ぶ。

④こころうかれて
こころうかれて
おどりだす

子どもたちと大オニがスキップで中央に並ぶ。

間奏（ピアノなどでゆっくり何回も繰り返して弾く）の間に二人一組になり、タンゴを踊る用意をする。立つ位置はあらかじめ印をつけておく。

片方の手は肩を組み、もう一方の手は前に出して手をつなぐタンゴスタイル。

⑩よるはいま
（D）止まって前の手を高く上げ、顔も上げてポーズ。

⑪おどってる
（C）

⑫タンゴのリズム
（D）

column

何をやるかは子どもたちと話し合って

どんな劇あそびをやるかは、子どもたちと話し合って決めましょう。保育者が一方的に決めてしまうと、子どもたちは受身になってなかなかイメージをふくらませることができません。保育者の側にやりたい演目があったなら、その絵本を読み聞かせたり、関連あそびをして気分を盛り上げるなどの導入が大事です。ある保育者は「グリーンマントのピーマンマン」をやりたくて、子どもたちとプランターでピーマンを育てたそうです。

「とんでったバナナ」から

3～4歳

バナナくんの冒険

「とんでったバナナ」をアレンジした替え歌劇あそびです。バナナ一家の一人息子バナナくんが、パパとママの心配をよそに、あっちこっち飛びまわって大冒険。歌はあらかじめ録音しておき、場面に合わせて流し、それに合わせて歌うようにすると進行がスムーズです。

劇あそびを始める前に…

お話してから歌う

「とんでったバナナ」を、お話としておもしろく伝えてから歌います。（楽譜は巻末88ページ）「バナナくん、今度はどこに飛んでくかな？」などと、子どもたちとお話を広げます。絵や紙芝居作りに発展させてもよいでしょう。

ジャンプバナナ

新聞紙を細長く丸め、絵の具で色を塗ってバナナを作ります。それにゴムをつけて上からぶら下げ、ジャンプしてバナナにタッチ。バナナに鈴をつけても楽しいです。

黄色い紙を貼りつける。

果物保護ネットなどに詰め物をしてバナナの形にし、貼りつける。

バナナリレー

二人一組で、バトンの代わりに作ったバナナを運びます。2グループに分かれて競走したり、段ボール箱にひもをつけ、引っ張って競走するのもおもしろいです。

登場人物と衣装

●バナナくん

①果物保護用のネットの中に新聞紙を詰め、両端を絞ってテープでとめる。
②黄色の紙で巻き、顔をつける。
③カップラーメンの容器にボンドなどで貼り付ける。

カップラーメンの容器

●ママバナナ

まつげと口紅をポイントに

●パパバナナ

黒画用紙などでヒゲをつける

●子ども①②③

●小鳥①②

切りこみ

●ワニ①②

色画用紙のシッポ
スズランテープ

●ナレーター

（保育者）

大道具・小道具

●巣

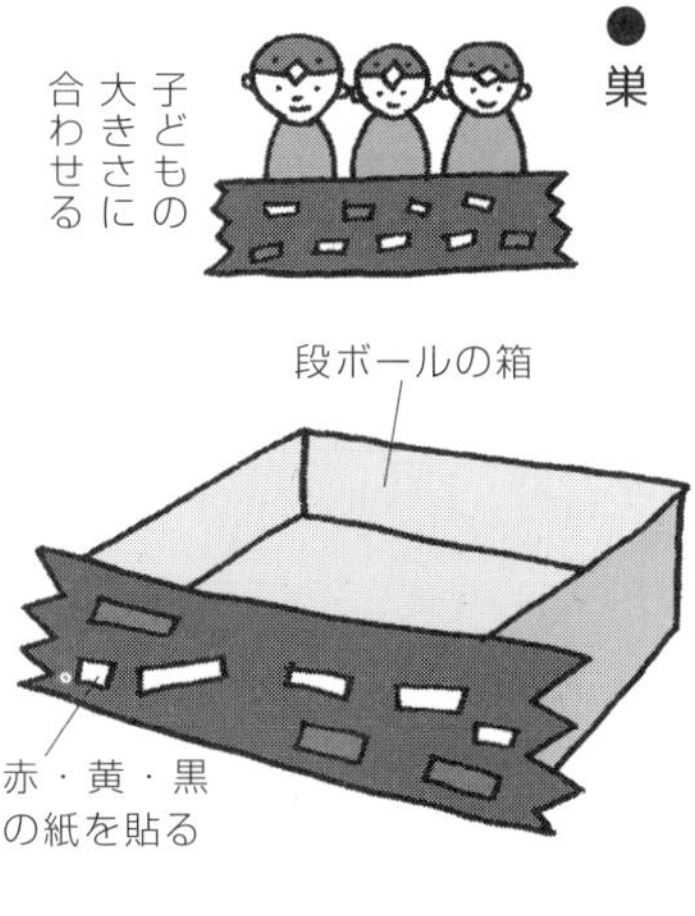
子どもの大きさに合わせる
段ボールの箱
赤・黄・黒の紙を貼る

●ヤシの木と家

パイプカーテンに貼る

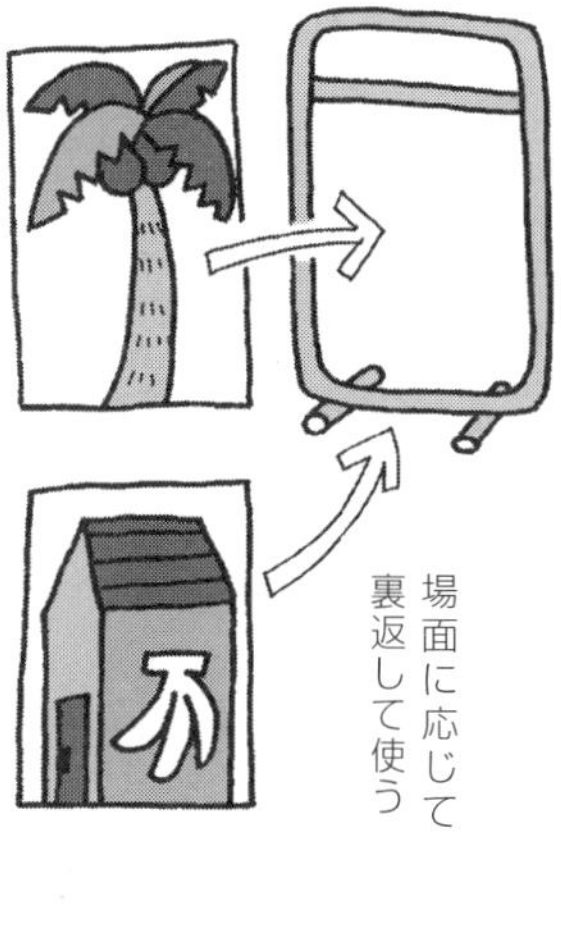
（表）やしの木
（裏）バナナくんの家
場面に応じて裏返して使う

ナレーター ▼ おや、遠くから子どもたちの声が聞こえてきましたよ。

子ども① ▼ ボク、あそんでたらおなかがすいちゃったなぁ。
あー！　バナナみーっけ！

子ども③ ▼ ボクも食べる！

子ども① ▼ だめ～！　ボクが先に見つけたんだよ。

【替え歌1番が流れる。（替え歌36・37ページ・楽譜88ページ）】

子ども①②③ ▼ あー、バナナ待ってよー！

パパバナナ ▼ もう夕方だけど、バナナくんはまだ帰ってこないかい？

ママバナナ ▼ もうあの子ったら、
こんな時間なのにどこに行っちゃったのかしら?!

パパバナナ ▼ 迷子になってやしないかな。

ママバナナ ▼ 怖い思いをしてないかしら。

パパ・ママバナナ ▼ バナナくんや～い！

子ども①②③の話し声。

幕前に子どもたち登場。釣竿の先につるしてあるバナナを見つける。

子どもたち、われ先にバナナを取ろうとする。釣竿の先のバナナがポーンポーンと飛びまわって取れない。

バナナ、ポーンと遠くへ飛んでいってしまう。幕開く。

バナナ一家の家の前。パパバナナとママバナナが心配そうにうろうろ歩きまわっている。

バナナ一家の家、片づける。

ナレーター▼おや、あっちのほうからバナナが飛んできますよ。ホップステップジャンプ。あ、バナナくんです。

バナナくん登場。

バナナくん▼幼稚園からまっすぐ帰るのがつまらないから、ちょっぴり道草してるんだ。さっきはちょっと怖かったけどね。おかげでジャンプが得意になったよ。

ナレーター▼バナナくん、さっきは子どもたちに食べられそうになってたけど、ツルンと飛んで、うまく逃げましたね。

バナナくん▼あれ、なんだかきれいな歌声が聞こえるぞ。行ってみよう！

ホップステップジャンプで、バナナくん軽快に退場。

小鳥①▼ピィピィ、今日はとっても歌いたい気分。

小鳥②▼私は、すっごく踊りたい気分なの。

POINT クラスでそのときはやっている歌に、子どもたちと一緒に動きをつけてもよいでしょう。

【替え歌2番が流れる。】

やしの木の陰から、バナナくん登場。

小鳥①▼きゃー！　びっくりしたぁ。

小鳥②▼ピィーピィー、これ、だーれ？

バナナくん▼ボク、バナナくん。ねえ何やってるの、小鳥さんたち？

小鳥①▼歌いながら踊ってるのよ。

小鳥②▼あなた、何だか甘～い匂いがするね。【替え歌3番が流れる。】

バナナくん▼くすぐったーい。やめてよ。穴だらけになっちゃうよ。

小鳥①▼あれーえ？　どこに消えちゃったのかな？

小鳥②▼甘くておいしそうだったのにね。

ナレーター▼さてさて、バナナくんは今度はどこに飛んでったのかしらね。向こうからワニさんが踊りながらやってきますよ。

POINT
ワニ役の子どもたちが、自分で作った腰みのをゆらゆら揺らしながら踊るところを、保護者に見てもらいましょう。

【替え歌4番が流れる。】

ワニ①▼わっ、だれ？　急に飛び込んで来ないでよ。

ワニ②▼せっかく踊ってたのに。どこから来たの？

バナナくん▼食べられそうになったり突っつかれたりしたから、ツルン、ポーンとジャンプしたの。

ワニ③▼へえ、すごいんだね。一緒に踊らない？【替え歌4番が流れる。】

バナナくん、サッとヤシの木の陰に隠れる。

小鳥退場。ヤシの木は残し、巣だけを片づける。

フラダンスを踊りながら、ワニ登場。

フラダンスを踊っているワニたちの目の前に、バナナくん軽快に登場。

ワニたち、バナナくんのまわりを囲む。

ワニたちとバナナくん、一緒にフラダンスを踊る。

ワニ①②③ ▼ あれーえ？　どこに消えたのかな？　バナナくーん！

ナレーター ▼ バナナくんとワニさん、楽しそうでしたね。
そろそろ晩ごはんの時間です。
バナナくん、おなかがすいてきたみたい。

バナナくん ▼ ただいまー、ああ、楽しかった！

パパバナナ ▼ バナナくん、心配したよ。

ママバナナ ▼ いったいどこに行ってたの？

バナナくん ▼ えーとねえ、あっちこっち。ボク、とってもジャンプが上手になったよ。それにね、お友だちがいっぱいできたんだ。
すごいでしょ！

ナレーター ▼ 子どもたちに食べられそうになって、小鳥たちと一緒に歌って、ワニさんたちとフラダンスを踊ったバナナくんの大冒険、いかがでしたか。今度はどこに飛んで行くのかしら、楽しみですね。

バナナくん、サッとやしの木の陰に隠れる。

場面変えて、バナナ一家の家を出し、心配そうなパパバナナとママバナナ登場。
そこに、釣竿につけたバナナをポーンと飛ばし、物かげからパッとバナナくん登場。

フィナーレ
登場人物全員が舞台に出て、それぞれの場面を歌い、幕。

歌とおどり

とんでったバナナ　※（　）内は替え詞

作詞／片岡　輝　作曲／桜井　順　（楽譜は巻末88ページ）

①**バナナがいっぽんありました**
あおいみなみのそらのした
こどもが（みんなで）
とりやっこ
バナナはツルンととんでった
バナナはどこへいったかな
バナナン　バナナン　バナナン

②**ことりが（みんなで）おりました**
やしのこかげのすのなかで
手を短く横に出して羽ばたきながら、ヤシの木に集まる。
おそらをみあげたそのときに
バナナがツルンととびこんだ
両手を挙げ、空を見るように上を見ている。
はねもないのにふんわりこ
バナナン　バナナン　バナナン
ふんわり羽ばたくしぐさをし、歌に合わせて拍手。

⑤**ワニとバナナがおどります**
ポンポコ　ツルリン
ポンツルリン
二人組みになってまわる。
あんまりちょうしにのりすぎて
バナナはツルンととんでった
それぞれ自由におどけたポーズ
バナナとワニで「なべなべそこぬけ」をする。
バナナは　どこへいったかな
バナナン　バナナン　バナナン
手を額にかざし、探すまね。歌に合わせて拍手。

③**きみはいったいだれなのさ**
ことりがバナナをつつきます

小鳥たち、バナナを指差し、手でくちばしを作ってツンツン突っつく。

これはたいへんいちだいじ
バナナがツルンとにげだした

バナナと小鳥で「なべなべそこぬけ」をする。

たべられちゃうなんてやなこった
バナナン　バナナン　バナナン

歌に合わせて拍手。

④**ワニが（こしみのつけまして）**
しろいしぶきのすなはまで

ワニたち、フラダンスのように体を揺らして踊る。

おどりをおどっておりますと
バナナがツルンととんできた

バナナもワニのところまでフラダンスをしながら行く。

おひさまにこにこいいてんき
バナナン　バナナン　バナナン

バナナとワニが手をつないで体を左右に揺らす。とまって拍手。

column

配役決め —— 子ども自身の意思を尊重して

発表会でいつも悩んでしまうのが配役決めですね。よくできる子がいつも主役というわけにはいかないし、バランスを考えつつどの子も楽しめて、なおかつ「成功させたい」というのが保育者のホンネでしょう。

まず、その子の「やりたい！」という気持ちをできるだけ通してあげましょう。「このお話には、ちょうどいい役がない」と思ったら、役を新たに作ってもいいですね。「ちょっとムリかな」と思っても、チャレンジすることで飛躍的に成長する子もいます。またすぐに決めないで、やりたい役もそうでない役も練習でやってみると、子ども自身が「こっちの役のほうがいいな」と気づくこともあります。

4～5歳

「コンコンクシャンのうた」から

ぴったりマスクを探そう

「これは合わない」「あっちはどうかな？」と、自分の大きさや口の形に合うマスクを探すのが楽しい、お店屋さんごっこ風の劇あそびです。動物の種類やバイキンの人数などは、誰がどんな役をやりたいかを聞きながら調節するとよいでしょう。

劇あそびを始める前に…

手作りマスクで マスクあそび

「コンコンクシャンのうた」（楽譜は巻末90ページ）を歌ったら、「風邪」や「くしゃみ」「マスク」のことを話し合ってみましょう。

動物も風邪を ひくのかしら

「マスクをすると風邪のバイキンから守れるかもしれない」「動物さんのマスクを作ってみよう」と、語りかけ、いろいろな動物に合ったマスクはどんな形だろうと、みんなで考えてみましょう。

どのマスクが似合うかな？

保育者が動物のお面と、その特徴に合わせていろいろな形のマスクを作り、どの動物にどのマスクが合うのか、あてっこを楽しみます。

登場人物と衣装

●バイキンたち

モールに黒い紙テープを巻く
黒い布を持つ
新聞紙を黒のビニールテープで巻いたシッポをつける。

●りす

●ぶた

① カラー帽子に厚紙などで作った耳と鼻をつける
② クリップでマスクをかけるフックを作ってつける

●つる

赤いガムテープ
黄色い厚紙

●かば

耳
口

●ぞう

水色の厚紙で直方体を作り、貼る。
耳を貼る。

●人間のマスク屋

●動物のマスク屋（くま）

●ナレーター（保育者）

大道具・小道具

●マスクとお店（マスクはすべて障子紙と輪ゴムで作る）

【つる】

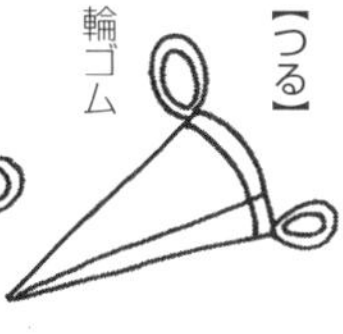
輪ゴム

【ぶた】

まるく

【りす】

小さい

【ぞう】

口の部分は折り返す

【かば】

大きく

【人間用】

子ども用くらい

【マスク屋さんのお店】

紙で作った看板をつける。
マスク屋

ナレーター ▼ しーっ！　耳をすましてみて。
聞いたことがない声が聞こえてきますよ。
だれの声かしら？

幕開く。森の背景。

バイキンたち ▼ ボクたちはバイキン。風邪ひきバイキン。
いたずらすると元気になるのさ。イエーイ、イエーイ！

リズミカルに体を動かして登場。手をつないで車座に座る。

POINT
前もってバイキンのイメージを話し合い、みんなで考えたバイキンたちの踊りを踊ると、気分が盛り上がります。

バイキン① ▼ 動物村の子どもたちは、みんな元気。
まだだれも風邪をひいていないんだってさ。

バイキン② ▼ それはちょうどいい。風邪ひきバイキンを振りまいて、
みんなに風邪をひかせちゃおう!!

バイキンたち ▼ イエーイ、ガンバルンバ！

ポーズを決めて退場。

ぶた ▼ コンコンコンコン、ブ～シャン！

かば ▼ ゴホンゴホン、ゴホンゴホン　カバ～ン！

つる ▼ コホ、コホ、コホ、コホ、クシュン！

ぞう ▼ ゴッホゴッホゴッホゴッホ、ヒィ～クション！

動物たち登場。舞台全体を使って追いかけっこ。立ち止まって一人ずつクシャミをする。

ぴったりマスクを探そう

りす ▼ あらら、みんな風邪ひいたの？　コンコン、コンコン、クシャン！　あれれ、私も風邪かしら？

バイキンたち ▼ せきよー、クシャミよー、もっと出ろ!!　もっと出ろ!!　ワッハッハッハ。バイキン光線、バッキ〜ン、バッキ〜ン!!

つる ▼ コホ、コホ、バイキンたちのいたずらかしら？

ぞう ▼ ゴッホ、ゴッホ、パオ〜!!　困ったね。

かば ▼ 風邪がひどくなると、○○園へ行けないよ。どうしよう。

りす ▼ みんなで相談しましょう。

動物全員 ▼ そうだ！　マスクをしよう！

ぶた ▼ みんなでマスク屋さんに行こう！

人間のマスク屋 ▼ このごろは花粉症がはやって、マスクがよく売れるなぁ。マスクはいりませんか、マスクはいかがですか。

動物たち ▼ コンコン、ゴホンゴホン、コホコホ…、マスクくださーい！

人間のマスク屋 ▼ はーい、いらっしゃい！　マスクですね、どうぞ。

バイキン登場。布を光線にして振りまわしながら、オーバーに表現して退場。動物たち、せきで苦しそうに話す。

丸くなって相談。

パッと顔を上げて中央を向き、全員声をそろえて言う。

軽快な曲。舞台左で一列になり、足踏み。

人間のマスク屋登場。

せきをしながらうれしそうにマスク屋に近寄る。

つる ▼ これは私の口には合いません。

人間のマスク屋 ▼ おやおや、申し訳ありません。こちらの方は？

かば ▼ うーん、ボクには小さすぎるよ。

りす ▼ あらら、私には大きすぎるわ。

ぞう ▼ ボクの鼻は長いんだ。ボクには合わない！

ぶた ▼ ズルッ！　鼻から落ちちゃうよ。

人間のマスク屋 ▼ 人間にはこれで合うんだけど…。あ、そうそう。森の奥に動物のマスク屋さんがありますよ。

動物たち ▼ それ本当？　探しに行こう！

ナレーター ▼ 森に行った動物たちは、動物のマスク屋さんを見つけることができました。

動物のマスク屋 ▼ このごろ風邪がはやらなくて、マスクがちっとも売れないんだ。マスクはいりませんか？　マスクはいかが？

動物たち ▼ ハーハーハー、マ、マ、マスクをくださーい。

それぞれの動物がマスクを次々にかかぶりものに当て、合わないマスクにがっかりしたようすで言う。

一列に並んで曲に合わせて足踏み。人間のマスク屋退場。

マスク屋の看板と品物のマスクを並べ替え、クマのマスク屋登場。

動物たち、マスク屋に駆け込む。

ぴったりマスクを探そう

動物のマスク屋　いらっしゃい！　マスクですね。

動物たち　うわぁー、いろんなマスクがある！

動物のマスク屋　ええ、ええ。いろいろありますよ。どんな形がいいですか？

全員　【歌・「コンコンクシャンのうた」（歌詞、楽譜は巻末90ページ）】

動物たち　これならピッタリ！　風邪ひきバイキンを寄せつけないね。

バイキンたち　バ、バ、バ、バークション！

動物のマスク屋　おやおや、きみたちも風邪ひきだね。実はバイキンくんに合うマスクもあるんだよ。はい、早く風邪治してね。

バイキンたち　あ、ありがとう…。

【歌・♪替え歌で歌う。（バイキンがマスクした　黒い黒い黒い黒いマスクしたコンコンコンコンクシャン）】

ナレーター　みんな、自分に合うマスクが見つかってよかったですね。

そっと横にバイキンたち登場。

全員で元気に歌う。自分の役の名前が出たら、マスク屋からマスクを受け取り、一歩前に出てマスクをつける。

横で見ていたバイキンたち、頭を抱えてくやしがる。

バイキンたち、次々にクシャミをする。

にこにこしながら。

バイキンたち、バツが悪そうに黒いマスクを受け取ってつける。

保育者と保護者がパッとできる劇あそび

追いかけ歌でカレーライスを作ろう

子どもたちが大きな声で歌う追いかけ歌に合わせ、保育者がにんじんやお肉になって動くと、おいしいカレーライスが出来上がります。
（台詞はすべて保育者）

①
「みんなが大好きなカレーライス。どんな材料が入っているかな？　追いかけ歌でみんな一緒においしいカレーライスを作ってね。」

●大型積み木の前にお鍋の絵を貼り、食材の絵を体につけた保育者が、歌に合わせて一人ひとり、お鍋の中に勢いよく入る。（1番を歌いながら）

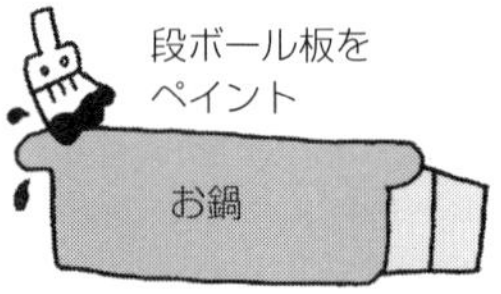

②
「さぁ、味つけをしましょうね。」

●大きな塩、こしょうの絵をナレーター役の保育者がお鍋に向かって振る。カレールーが入ったら鍋をぐらぐら揺らし、内側に用意した黄色い布をみんなで持ち上げて、「はいできあがり」。

③
「おいしいカレーライスができたね。みんなでいただきまーす！」

カレーライスのうた　作詞／ともろぎ ゆきお　作曲／峯　陽

（楽譜は巻末91ページ）

①にんじん（にんじん）　たまねぎ（たまねぎ）　じゃがいも（じゃがいも）
ぶたにく（ぶたにく）　おなべで（おなべで）　いためて（いためて）
ぐつぐつにましょう

②おしお（おしお）　カレールー（カレールー）　そしたら（そしたら）
あじみて（あじみて）　こしょう（こしょう）　いれたら（いれたら）
はいできあがり（はいできあがり）

●ピアノの前奏が始まったら、みんな楽器を持ち、好きなように鳴らす。歌いながら、リズムに合わせて体を揺らす。

3章 ふだんのあそびから劇あそび

ふだんのあそびを劇あそびに展開させようと思いついたら、子どもたちと一緒にあそびながら、「こんなふうにしたらどうかしら？」と提案したり、「あ、○○くん、おもしろいことやっているね」とピックアップしたり、刺激してみてください。そこから発展の糸口が見つかるでしょう。

3～4歳

手あそびオンパレード

ねこの先生の誕生日

ストーリーは繰り返しで、子どもたちのおなじみの手あそびを次々とやって見せることを、そのまま劇あそびにしました。クラスではやっている手あそびを取り入れると、盛り上がるでしょう。ねこやいぬになってあそぶのが大好きな子どもたちの姿も取り入れました。

劇あそびを始める前に…

ねこの本を読もう

「いびきのねこ」や「ノンタン」シリーズの絵本など、みんなでねこの本を読みます。「おうちにねこがいる人は？」「ねこが好きな食べ物は？」「どんなふうに歩くのかな？」など、ねこについて話し合ってみましょう。

ねこの気分でねこごっこ

「わたしはねこのこ」「1丁目のドラネコ」などを歌います。ねこごっこもしましょう。あいさつは「おはようニャー」。あやまるときも「ごめんニャー」、「お出かけするよニャン」「一緒に行きたいニャン」。ねこ語でたくさんおしゃべりします。

ねこの絵を描こう

お散歩でねこを見たり、絵本を見ながら、ねこの絵を描きましょう。「ねこの幼稚園（保育園）」「ねこの家族」「ねこの国」などテーマを決めて絵を描きます。

登場人物と衣装

●ニャンスケ
腰用ゴムに靴下や毛糸を編んだものを貼りつける。
シッポ
色画用紙
リストバンド
レッグウォーマー
●ミーコ
●トラオ
●ニャンコ
●いぬ
●ミーミー先生
●ナレーター
（保育者）

大道具・小道具

●くま
にわとり
ぶた
たぬき
きつね
段ボール板を家の形に組む。
ペイントしたあと、動物の顔や窓を色画用紙に描いて貼る。
●ケーキ
切り込みを入れた丸い紙をかぶせる。
色を塗る。
ティッシュを丸めてビニール袋で三角に包み、イチゴの形を作る。
緑の紙やビニール
魚の形にしてみても。

ナレーター▼あるところに、ニャンスケとミーコという仲のよいねこがいました。2匹は、動物幼稚園の「ねこ組」です。

ニャンスケ▼ねぇ、ミーコ。園長先生が話しているのを聞いちゃったんだけど、ミーミー先生のお誕生日、明日なんだって。

ミーコ▼ニャーン！　本当!?　どうしよう、お祝いしなくっちゃあ。

ナレーター▼みんなが大好きなミーミー先生のお誕生日と聞いて、2匹ともじっとしていられません。早速、クラスのみんなに相談です。

トラオ▼何かプレゼントを作ろうぜ。

ニャンコ▼ミーミー先生の好きなものって、何だっけ？

ニャンスケ▼お昼寝！

ミーコ▼それって、プレゼントできないわよ。えーと、さかな！

トラオ▼毎日食べてるよ。

ニャンコ▼ケーキは？　お誕生日にはケーキが食べたいじゃない？

ニャンスケ▼よーし、先生に内緒で大きなケーキを作ろう！

全員▼ニャンニャン、賛成！

お昼寝、さかな、ケーキの絵を出しながら言う。

ねこの先生の誕生日

ナレーター ▼ ケーキを作ることにした「ねこ組」のみんなは、材料を集めに森に出かけていきました。

①森のくまさんのおうちに到着。

ミーコ ▼ くまさん、歌を教えてあげるから、小麦粉をちょうだいニャー。

くま ▼ ＯＫ。

②にわとりさんのおうちに到着。同様に、「たまごたまご」の手あそびをやって、たまごをもらう。また行進。

③ぶたさん・たぬきさん・きつねさんのおうちに到着。「コブタヌキツネコ」の歌を鳴き声で歌って、バターと砂糖と生クリームをもらう。

④いぬくんのおうちに到着。

トラオ ▼ いぬくん、先生にケーキを作ってプレゼントしたいから、イチゴを分けてくださいな。

いぬ ▼ やぁーだよ。

ナレーター ▼ おやおや、いぬくんはちょっといじわるです。みんなのお願いになかなか「うん」と言ってはくれません。

ニャンコ ▼ じゃあ、私たちがクイズを出すから、いぬくんが答えられなかったらイチゴをくれる？

ボレロなどをＢＧＭに。

「くまさん」（楽譜は巻末90ページ）の歌をくまさんの前で歌って、小麦粉をもらう。

ねこたち、またＢＧＭに合わせて行進。

いぬ ▼ よし、いいよ。絶対答えるから！

ニャンスケ ミーコ ▼ じゃあ、最後にボクたちが問題を出すよ。いぬくんが答えたらイチゴはあきらめよう。

全員 ▼ わかったニャー！

ニャンスケ ミーコ ▼ ねこが大嫌いな食べ物はな～に？

いぬ ▼ う～ん。わ・か・ら・な・い…。

ナレーター ▼ ついにいぬくんが降参しました。やっとイチゴをもらえてよかったね。さて、ケーキの材料を集めたねこ組のみんなは、魚の形をした大きなケーキを作り、戸棚にしまっておきました。

ミーミー先生 ▼ おはよう、みなさん。今日はいいお天気だニャー。

全員 ▼ ミーミー先生、お誕生日おめでとうニャー！

POINT ここで、いつも歌っているバースデーの歌や踊りで、バースデーパーティーの雰囲気を出しましょう。

ナレーター ▼ あらあら、ミーミー先生びっくりしてますね。森の動物たちも集まって、誕生日パーティーの始まりです。

全員1回ずつ出題をし、いぬくんはすらすらと答える。ねこたち、困ったポーズで丸くなって相談する。

大きな魚のケーキにイチゴを乗せて、みんなでかくす。ミーミー先生、保育室に入る。

上からくす玉が割れて、「お誕生日おめでとう」のたれ幕が下がる。ニャンスケたち、ケーキを運んでくる。

ミーミー先生▼みんな、こんなに立派なケーキを作ってくれてありがとう。ではお礼に、「わたしはねこのこ」を歌いまーす。みんなは手あそびを一緒にやってね。

ミーミー先生が歌う「わたしはねこのこ」に合わせて、みんなは手あそびを観客のほうを向いてやる。

歌とおどり

「わたしはねこのこ」

作詞・作曲／谷口　力
（楽譜は巻末91ページ）

①**わたしは**
人さし指で自分をさす。

②**ねこせんせい**
（4回繰り返す）
ねこの手にして、体を左右に揺らす。

③**おめめは**
指で輪を作り、左右の目に当てる。

④**クリクリ**（4回繰り返す）
指の輪を目の前でまわす。

⑤**おひげは**
片手でひげをつまむまね。

⑥**ピン**
つまんだひげを横にピンと引っ張る。

⑦**おひげはピン**
反対の手で⑤⑥を繰り返す。

⑧**おひげはおひげは**
手拍子4回。

⑨**ピンピンピン**
両手を肩・頭に乗せ、最後に上に伸ばす。

⑩**にゃーご**
みんなありがとう
頭をなで、ねこのポーズで決める。

4〜5歳

イメージあそびや楽器あそびから

夜の○○園はおおにぎわい

教室や保育室にいつも定位置に置いてある楽器が、夜になると動き出してあそんだり、けんかしたり。自分たちがいない間に、いつもの教室でどんなことが起こっているんだろうと、子どもたちの想像力を思いきりふくらませて、ワクワクするような劇あそびにしましょう。

劇あそびを始める前に…

●イメージあそびでお話を作ろう

部屋のピアノやいつも定位置にかたづけてある太鼓やタンバリンなどを、子どもたちの登園前に不自然な位置にずらしておきます。保育者はミステリアスな雰囲気で、「ピアノさんが動いてる！　どうして？」「あれ、太鼓の場所も違う」「タンバリンがこんな端っこにきてる！　先生は動かしてないのに」などと話しかけ、子どもたちを想像の世界へ引き込みましょう。何日か続けたあと、問いかけてみます。

●「楽器たちって、夜は眠るのかしら？」

●「もしかして、あそんでるのかな？」

●「夜の○○園はどうなっているのかしら？」

●役割を決めて表現あそびをしよう

ピアノ、太鼓、タンバリン、笛など、なりたい楽器を選び、夜になったらどうするかをそれぞれ決めて、夜〜朝〜夜と繰り返し動きます。動きながら、登場人物やストーリーを変えて肉づけしていきましょう。

登場人物と衣装

●ピアノ

輪ゴム
わりばし
黒画用紙
土台は黒画用紙
白い紙にけんばん
を描いて貼る

●太鼓

かけひも
ラシャ紙など
ボール紙を輪に組んで、
赤と金の紙で模様をつける

●タンバリン①②

半円に切った金紙に
切り込みを入れる
輪ゴム
赤いビニール
テープ
土台は金のボール紙

●カスタネット①②

青いボール紙
輪ゴム
太目の青いゴムで
アクセント
赤画用紙
後ろに倒れないよ
うに糸をつける。

●笛①②

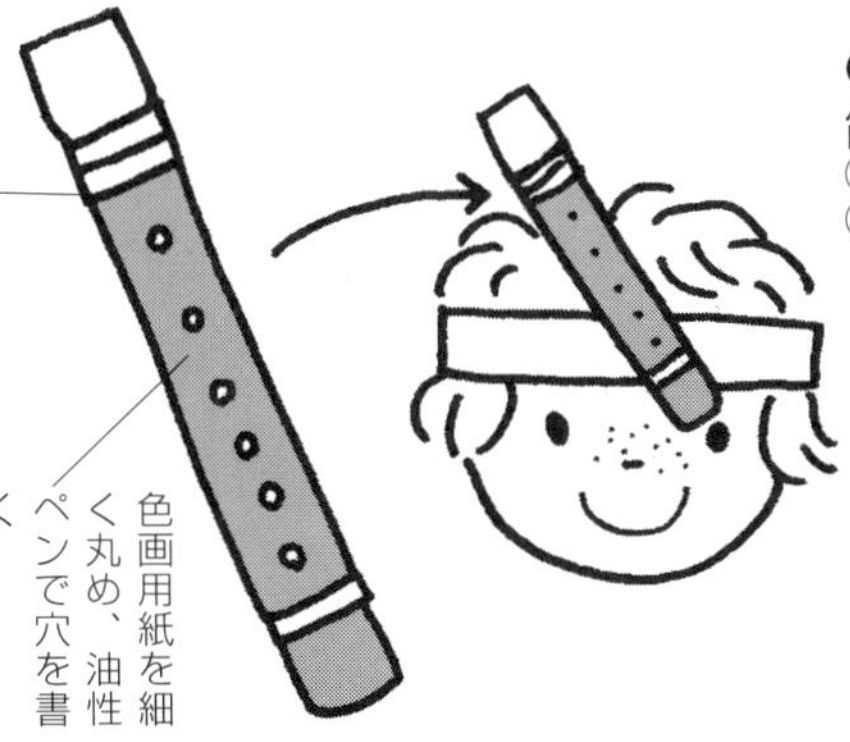
ビニールテー
プなどでアク
セント
色画用紙を細
く丸め、油性
ペンで穴を書
く

●ナレーター（保育者）

ナレーター▼いつも子どもたちが使っている楽器たち。みんなが帰ると、先生たちがきちんといつもの場所にかたづけてくれて、ゆっくり夜を迎えます。楽器たちって、夜は静かに寝ているのかしら？

POINT
子どもたちが工夫して楽器の扮装をしています。出番までなるべくじっとして、ナレーターの合図で一人ひとりの衣装を観客にお披露目しましょう。

ピアノ▼○○組の子どもたちも先生も、おうちに帰ったよ。

太鼓▼うん、夜になったね。

タンバリン▼さあ、ボクたちの時間だ。あそぼうよ！

ピアノ▼今日はたかしくんとけいたくんがケンカしたね。

太鼓▼うん、ボクを取り合ったんだ。みんなボクを使いたがるのさ。

タンバリン①▼そんなことないよ、ボクたちだって人気者さ。

タンバリン②▼きみは1個しかないから取り合いになるだけなんだよ。ねえみんな？

太鼓▼…そうかい、ボクなんかいらないんだね。

舞台、照明を落として薄暗くする。声のみで「先生、さようならー」「また明日ねー」。声が遠ざかり、しばらく沈黙。

照明、ゆっくり明るくし、舞台のあちこちにじっとしていた楽器たちが動き出す。「おもちゃのチャチャチャ」の替え歌を歌って、自由に動く。

楽器たち、なんとなくうなずく。

太鼓、怒って退場。

カスタネット①② ▼ タンバリンくん、言いすぎなんじゃない?

タンバリン①② ▼ だってあいつ、生意気なんだもの。

笛①② ▼ わたし、みんなで楽しくあそびたいわ。

ピアノ ▼ 太鼓くんがいないとうまく合奏できないわね。

カスタネット ▼ 太鼓くんを探そう!

POINT 会話が続くので、それぞれがセリフの前やあとに、手に持った楽器を鳴らすなどして、場面を引き締める工夫をしましょう。

笛 ▼ うん。太鼓く~ん、どこ~?

タンバリン ▼ お~い、ごめんよ、やっぱり、きみがいないとつまらないよ、出てきてよー。

カスタネット ▼ あ、太鼓の音だ。

太鼓 ▼ ドーンドーン、またみんなであそんでくれる?

笛 ▼ あ、太鼓くん! もちろんだよ。

タンバリン ▼ 太鼓くん、ごめんね。

みんなでおもちゃ箱のかげや机の後ろを探す。

はじめは小さく、だんだんと大きく「ドーンドーン」と太鼓の音が聞こえる。

棚の陰から、うずくまっていた太鼓が立ち上がって前に進み出る。

カスタネット①② ▼ さあ、一緒にあそぼう！

【歌・「おもちゃのチャチャチャ」の替え歌】

POINT 仲なおりした喜びが伝わるように、二人ずつ手をつないだり、腕を組んだ踊りも加えましょう。

ピアノ ▼ あ、朝になっちゃう。子どもたちが来る前に戻らなくちゃ。早く早く。

ナレーター ▼ タンバリン君、場所が違うよ。

タンバリン ▼ あれ、ホントだ。これでよし。

ナレーター ▼ ピアノさん、音を出したらばれちゃうよ。

ピアノ ▼ だって、楽しかったんだもの。ほら、これでOK。

ナレーター ▼ やっと静かになりましたね。じゃあ、また夜になるまで、バイバーイ。

「おもちゃのチャチャチャ」の替え歌。手に自分の楽器を持って鳴らしながら歌う。ピアノはミニピアノを弾く。そこに「コケコッコー！」と、ニワトリの声。

みんなもといた位置に戻るが、もぞもぞしてしまう。

ナレーター、ひそひそ声で言う。

おもちゃのチャチャチャ

作詞／野坂昭如　補詞／吉岡　治
作曲／越部信義

なまりのへいたい
トテチテタ
ラッパならして
こんばんは
フランスにんぎょう
すてきでしょ
はなのドレスで
チャチャチャチャ
そらにさよなら　おほしさま
まどにおひさま　こんにちは
おもちゃはかえる
おもちゃばこ
そしてねむるよ
チャチャチャチャ

【替え歌】

たいこがあるいて
トテチテタ
ピアノとタンバリン
こんばんは
笛さんのダンス
すてきでしょ
カスタネットも
チャチャチャチャ
がっきはかえる
もとのばしょ

column

配役決め――その子の得意分野を役割に

得意なことややりたいことは、一人ひとり違います。人前で上手に演技ができなくても、その子なりのよさを発揮でき、達成感や満足感を味わえるようにしてあげたいですね。それにはまず、その子の個性をつかみ、それに合った役割を考えましょう。絵や工作がうまければ“美術監督”、「もっとこうしたほうがいい」と意見が言える子は“舞台監督”、衣装の花などを作れる子は“衣装係”といった具合です。一人ひとりが個性を発揮した、みんなで作る劇あそびにしましょう。

3〜4歳

「オオカミさん、今何時?」あそびから

友だちになろうオオカミくん

「オオカミさん、今何時?」を繰り返しあそび、慣れてきたころ、オオカミはどんなオオカミなのか、子どもたちに投げかけてみましょう。ここでは、いつも嫌われているけど、本当はやさしくて寂しがりやのオオカミだった、というお話に展開させました。

劇あそびを始める前に…

「オオカミさん、今何時?」あそび

オオカミと子どものグループに分かれてそれぞれ陣地を作ります。オオカミの陣地に子どもたちが近づいて「オオカミさん、今何時?」と聞きます。「6時」「3時」など、何度か問答を繰り返し、「夜中の12時!」とオオカミが答えたら、子どもたちは素早く陣地に入ります。オオカミにつかまった子はオオカミグループになり、はじめから繰り返します。

夜中の12時!!
キャー
逃げろー

子どもたちに問いかけよう

「いつもオオカミは追いかけてばかりで、つまらないね」「オオカミだって、いろいろな友だちを作りたいのじゃないかしら?」「怖いオオカミばかりでなくて、やさしいオオカミもいるんじゃない?」など、どんなオオカミなのか、イメージをふくらませましょう。

やさしいオオカミさんもいるんじゃない?
ニコッ

登場人物と衣装

● お母さん

● 子どもたち

● お面の作り方
（オオカミ・カラス・うさぎ・いぬ共通）

①.画用紙を横半分に折る。

②両端を図のように裏側に折る。

③セロハンテープで止め、角を折る。

④折った角にゴムをつける。

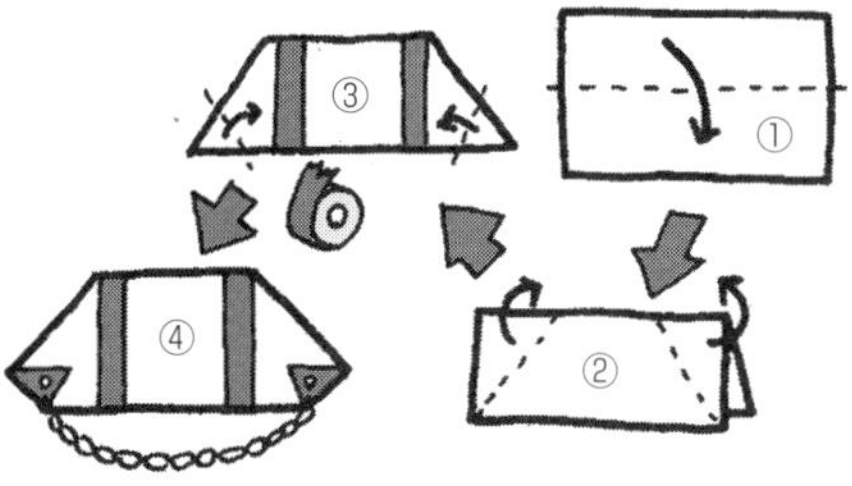

● オオカミ
（保育者が演じてもよい）
かぶりものに切り抜いたオオカミの顔をつける。

● カラス
くちばしをつけて

● いぬ
かぶりものに耳をつけて

● ナレーター
（保育者）

大道具・小道具

● 時計
段ボール板に数字を書く

厚紙で針を作り、長い割りピンでとめ、針が動くようにする

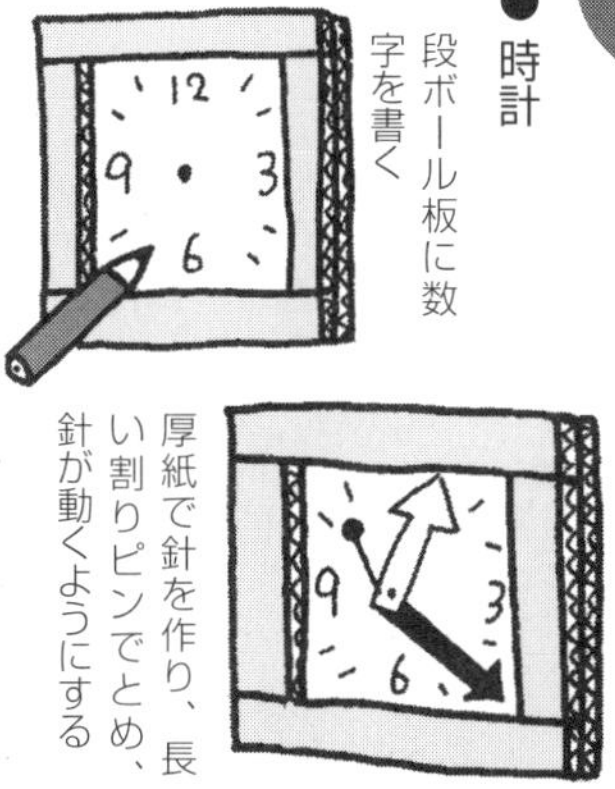

● 木（2本）

葉の部分は色紙を貼る

表

裏

段ボール

積み木などを重りにする

幹は絵の具で茶色に塗った新聞紙を貼る

ナレーター ▼ このごろ、お外であそんでいると、怖いオオカミが出るんですって。だからお母さんは、子どもたちが外であそぶのがとても心配です。

子どもたち ▼ お母さん、今日は遅くまであそんでもいい日でしょ？

お母さん ▼ そうね。でも夕方の5時までには帰ってきてね。オオカミに会うと怖いわよ。

子ども①② ▼ はーい、行ってきまーす！

子ども①② ▼ あ、③くん、④くん、⑤ちゃん、それに⑥ちゃんも一緒にあそぼう。

子ども③④⑤⑥ ▼ うん、いいよ。かけっこしようか。

子ども①② ▼ うん、そうしよう！

カラス ▼ カァー、カァー。

子どもたち ▼ こんにちは！　カラスさん、忙しそうね。

カラス ▼ 洗濯やさんに洗濯物を届けるんだ。カァー。

お母さんは時計を見せ、5時のところに針を動かして強調する。

お母さん、舞台左に退場。

子どもたち、かけっこしたりジャンケンをしたりして、みんなであそぶ。

洗濯物を持ったカラスは舞台左手より、子どもたちは右手より登場。

カラス退場。

友だちになろう　オオカミくん

子どもたち ▼ いってらっしゃーい。

いぬ ▼ ワンワン、こんにちは！
向こうの野原にきれいな花が咲いてたよ。

子どもたち ▼ ボクたちも行こうか。お母さんにプレゼントしようよ。

子ども①② ▼ 今日は5時まであそんでもいい日だよ。いぬさん、ありがとう。

カラス ▼ カァー、カァー。

子どもたち ▼ カラスさんが来たよ。聞いてみよう。
カラスさん、カラスさん、今何時？

カラス ▼ 3時だよ。今日はお稽古があるから、おうちへ帰るところだよ。

子どもたち ▼ あー、よかった。急ごう急ごう、おうちはまだまだ遠い。

子どもたち ▼ 今何時かな？　いぬさんが来たよ。聞いてみよう。
いぬさん、いぬさん、今何時？

いぬ ▼ 夕方の4時。ママとお買いものに行くから、帰るのだワン。

いぬ、舞台右手より登場。

いぬ、左手に退場。子どもたち、「さんぽ」などの曲を歌いながら舞台右手に退場し、花を持って歌いながら再び登場。

カラス登場。

子どもたち、木の後ろを通り、舞台のまわりを歩く。

いぬ、登場。

いぬ、退場。

子どもたち▼あー、よかった。急ごう急ごう、おうちはまだまだ遠い。

子どもたち▼今何時かな？ 誰か来るよ。聞いてみよう。もしもし、今何時？

オオカミ▼もうすぐ、もうすぐ、よ・な・か・の・12・時、じゃあなかった、夕方の5時だよ。

子どもたち▼あっ、オオカミだ！ たいへんたいへん。

POINT
BGMに「森のくまさん」の替え歌を流し、楽しい雰囲気にします。（「クマ」を「オオカミ」に、「おじょうさん」を「子どもたち」に替えます。）

子どもたちとオオカミ▼はあ、はあ、はあ。疲れたよ～。

ナレーター▼あらあら、みんな座り込んじゃいました。でもこのオオカミさん、本当に怖いのかしら？

オオカミ▼みんなそんなに逃げないでよ。ボクだって本当は怖いオオカミになるのはいやなんだよ。でもパパの言いつけなんだ。

子どもたち▼え～っ。でも、なあぜ？

子どもたち、木の後ろを通り、舞台のまわりを歩く。

帽子を深くかぶって、オオカミ登場。

子どもたち、びっくりして大あわてで逃げる。子どもたちとオオカミで追いかけっこ。

オオカミと子どもたち、疲れてヘトヘトの状態で向かい合う。

オオカミ▼ どろぼうとか悪い人たちが来ないように、怖い声でほえるのがボクの仕事なのさ。でもさ、まだ夜にならないもん。ボクはみんなとあそびたいんだよ。

子どもたち▼ そうだったんだ。怖い人が来ても、オオカミさんがいるから安心なんだね。じゃあ、一緒にあそぼうよ。

子どもたちとオオカミ、手をつないで輪になり、「森のくまさん」の替え歌を歌いながら前後左右に動く。

子どもたち▼ あ、たいへんだ！　お母さんが5時に帰って来なさいって言っていたよね。どうしよう。お母さんに叱られるよう。

泣きそうになりながら話す。

オオカミ▼ ボクがみんなのお家まで送って行ってあげるよ。そして、お母さんに「怖くないオオカミです」ってちゃんと話すよ。

子どもたち▼ うん、それなら大丈夫だね。

「森のくまさん」の替え歌を歌いながら、全員で手をつなぎ、退場。幕閉じる。

♪ 森のくまさん

訳詩／馬場祥弘　アメリカ民謡　（　）は替え歌部分

1 あるひもりのなか
（オオカミ）にであった
はなさくもりのみち
（オオカミ）にであった

2 （オオカミ）のいうことにゃ
（こどもたち）おにげなさい
スタコラサッサッサのサ
スタコラサッサッサのサ

紙芝居「○○園の一日」

紙芝居風に、ふだんの園での子どもたちのようすを伝えます。楽しいエピソードをたくさん盛り込みましょう。

（台詞は保育者）

①

「みなさんは、○○園のお友だちがふだんどんなことをしているか、知っていますか？　ではここで、紙芝居「○○園の一日」の始まり始まり〜。」

●大判のスケッチブックに、園の子どもたちのようすを場面ごとに描いた絵を、観客に見せながら、ナレーションも入れる。

POINT

保育者は、突っ込みを入れながら、保護者とスケッチブックをめくって話を進めます。突っ込みを入れる人が他に二人以上いると、盛り上がります。

②

「AくんとBくんがケンカしましたが、自分たちで仲直りできました。〈ごめんなさい〉が言えるようになったんだね。」

③

「先週、給食つまみ食い事件がおきました。食べちゃったのはCくんとDくん。お口にジャムがついていてばれました。」

●ふだんの園生活の楽しいエピソードや子どもたちの成長が感じられる出来事を伝える。

4章

昔話をちょこっとアレンジして劇あそび

年度のはじめに、劇あそびを意識していろんな昔話を用意し、子どもたちにお話や絵本を見せましょう。その中で、子どもたちが何度見ても大好きだというお話を選んで、劇あそびに発展させるとよいと思います。

3~5歳

「北風と太陽」から

寒いよ暑いよジャンケン勝負

北風グループと太陽グループが、どちらが強いかを決めるジャンケン勝負をする劇あそびです。観客も巻き込んでジャンケンをし、北風が勝ったら観客も寒そうに、太陽が勝ったら暑そうにするよう促して、一緒に楽しみましょう。日本に四季があることの大切さも、伝えられるといいですね。

劇あそびを始める前に…

外に出て風や日光を体感

「北風と太陽」のお話をしたら、みんなで外に出てみましょう。冷たい風の強い日だったら、「北風ってこんなかな」、太陽がカンカン照りの日だったら「太陽ってこんなに体がポカポカしてくるんだね」と、風や日光を体で感じましょう。

北風と太陽になってみよう

スズランテープを束にしてとめ、一本一本、細く裂いてポンポンを作ります。両手につけて外に出て、揺れるポンポンで風を感じたら、部屋の中で風になって走りまわってみましょう。ぎらぎら輝く太陽も、音楽をかけて自由に身体表現します。北風になったり太陽になったりしてあそぶうちに、自然と劇あそびが始まります。

登場人物と衣装

● 北風グループ

輪ゴム

● 太陽グループ

青のガムテープにスズランテープを挟み込んで貼ったものを腕につける（長すぎると踏むので注意）
寒色系の紙3枚をずらして貼り、お面ベルトをつける

青いガムテープ

黄・赤・オレンジなどのホイル折り紙をボール紙に貼り、ガムテープで輪ゴムを貼って手のひらにつけるようにする

オレンジ
黄色
金紙
輪ゴム

● 旅人

コートの袖を内側に入れ、一番上のボタンだけとめてもよい

● お花たち

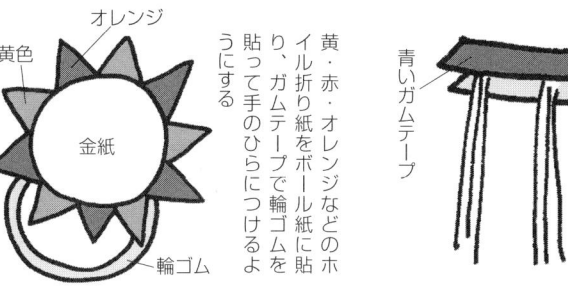

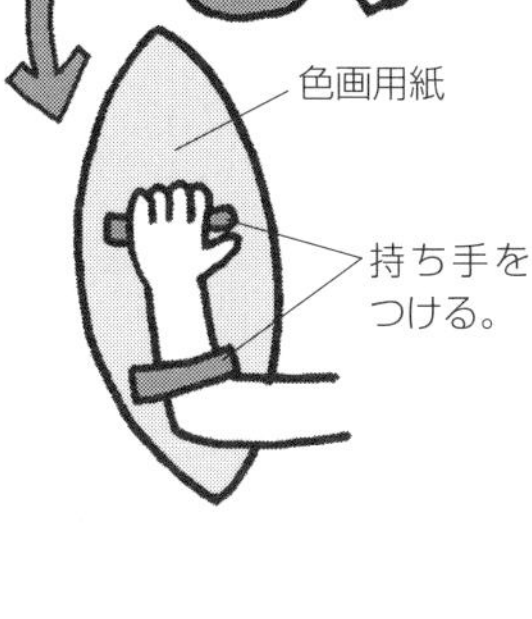
色画用紙
持ち手をつける。

● ナレーター（保育者）

ナレーター▼ねえみなさん、北風と太陽が勝負したら、どっちが勝つと思う？

観客に語りかける。

旅人▼ボクのオーバーを脱がせたのは、太陽さんだったよ。

旅人とお花が登場。

お花▼私たちは北風さんが吹くとしおれてしまうわ、強いんだもの。

ナレーター▼ふんふん。北風が勝つと思う人？　太陽が勝つと思う人？

観客に手を上げてもらう。少し間をおいて、

POINT

「太陽」ばかりに手を上げて勝負が明らかなときは、「本当はどうなのか、勝負してもらいましょう」と提案します。観客が参加している気持ちになれるように盛り上げましょう。

ナレーター▼うーん、決まらないね。

旅人▼そうだ！　北風さんと太陽さんにジャンケンしてもらおうよ。

お花たち▼賛成！　北風さーん！　太陽さーん！　出てきてくださーい。

北風・太陽▼はーーい！

幕開き、北風グループと太陽グループ、舞台両側から登場。それぞれのテーマソングで、北風の踊りと太陽の踊りを踊る。舞台両脇に旅人たち、お花たち。

旅人▼昔話では太陽さんが勝ったけど、本当はどっちが強いのかな？

お花▼ジャンケンで決めてくれますか？

太陽▼本当に私たちのほうが強いのよ。

寒いよ暑いよ　ジャンケン勝負

北風▼違うよ。本当はボクたちのほうが強いんだよ。

ナレーター▼言い合っていても決着がつきませんね。北風さんも太陽さんも、代表選手を出すのはどうですか？

ナレーター▼ではいきますよ。ジャーンケーン、ポン！

旅人▼あ、北風さんが勝った。北風さん、今のお気持ちは？

北風▼とってもうれしいですぅ。ぴゅううー。

お花たち▼ああ、寒い。しおれてしまうー。

旅人▼北風さんが勝つと寒くて大変！　コタツに入りたいよー。

ナレーター▼そうですね、これはたまらない、ブルブル。ねえ、もう一回ジャンケンしてもらいたいですよね？

ナレーター▼では、北風さん、太陽さん、もう一回代表選手を出してくださーい。

POINT
子どもたちは、インタビューをするのもされるのも大好きです。質問項目をいくつか考えて、何人かでインタビューごっこをしてもよいでしょう。

「仕方がないや」とブツブツ言いながら、各グループから一人が舞台中央に出て、ガッツポーズ。各グループから声援を送る。北風グループ代表と太陽グループ代表がジャンケン。

旅人、マイクを持って北風にインタビュー。

スズランテープをふって、みんなで風をおこすポーズ。効果音入れる。

観客に問いかける。

「なんでまたやるの？」とブツブツ言いながら、別の選手がジャンケンする。

ナレーター▼ また北風さんの勝ちですね。もう一回。ひゃー、まただ。
太陽さん、勝つまでがんばれー!

ナレーター▼ や、やっと太陽さんが勝ちました。よかったですね、太陽さん。

太陽▼ はい、もううれしくって、ますますがんばっちゃいます!
か――っ!

ナレーター▼ やっとあったかくなりましたね。
…あれ、なんだか暑いぞ、暑すぎるぞ。

旅人▼ 日かげはどこ? あせもがいっぱいできちゃったよー。
エアコンがほしいよー。

お花たち▼ 私たちは陽射しが強すぎてもしおれちゃうのよー、
あーお水がほしい。

ナレーター▼ 北風さん、ちょっと吹いてくださいな。ああ、涼しい。
みんな、涼しいねー。

旅人▼ 暑いときは北風さんに吹いてほしい。

お花▼ 寒いときは太陽さんに照ってほしい。

選手を交代して何度かジャンケンするが、北風ばかりが勝つように演出する。最後の一人で、太陽が勝つ。

太陽たち、両手につけた作り物を振りながら舞台をゆっくり自由に歩く。効果音入る。

観客に向かって言う。

旅人・お花たち ▼ 北風さんも太陽さんも、両方大事なんだね。

北風・太陽 ▼ うん、比べっこなんかしなくてもよかったんだね。仲よくしよう。

旅人 ▼ 寒い冬には北風さんががんばって、

お花 ▼ 暑い夏には太陽さんががんばっているんだね。

北風 ▼ 春・夏・秋・冬になってるんだよ。

全員 ▼ 桜も咲く、プールに入る、芋掘りに行く、雪だるまを作る。日本って、すてきだね！

北風と太陽、互い違いに円になって並び、旅人とお花を囲む。マーチなどの元気な曲に乗って、右回り、左回り、前進、後退。観客のほうを向いて手を振る。

全員手を振って、幕。

column

練習のようすを撮影して保護者に見せましょう

どんな劇あそびをやるかを決める子どもたちとの話し合いのようすや配役決めの過程、練習風景などをこまめにビデオやデジカメで撮影しておきましょう。

保育者の中で撮影係を決めておくといいかもしれません。編集してお便りにつけて保護者に渡したり、機会があればビデオを観てもらったり。

子どもたちの取り組みのようすを発表会前に伝えることで、たとえ本番でわが子が目立たないように見えても、アイディアを出したり、練習でがんばっていた姿を思い出して安心し、納得してもらえるでしょう。

5歳

「三枚のおふだ」から ラップダンサーになった山姥

こぞうが、たずねたおばさんが山姥《やまんば》だと気づくまでのやり取りがドキドキする、ちょっとスリルのあるお話です。三枚のおふだが変身して、たくさんの山姥からたくさんのこぞうを守る群集劇でもあります。追いかけっこやダンスを思いきり元気に演じる劇あそびにしましょう。

劇あそびを始める前に…

おふだオニごっこ

こぞうと山姥《やまんば》に分かれて、オニごっこをします。山姥チームがオニになって追いかけ、こぞうチームはつかまりそうになったら三枚のおふだが使えます。山姥チームはおふだの指示に従わないと追いかけることができません。どんなおふだにするかはみんなで話し合って決めましょう。こぞうはつかまったら山姥チームに入ります。

おふだごっこゲーム

体にさわりっこしたり、子ども同士が触れ合ってあそべるゲーム。「りんご」や「山」など、おふだの内容を決め、保育者が「りんご！」と言ったら赤いもの、「山！」と言ったら緑色のものというように、イメージした色をさわります。

登場人物と衣装

●和尚《おしょう》（保育者）

地味な色の着物に、大きな布を肩から斜めにかける

●こぞう①～④

黒い布
ゴム
輪にした手ぬぐい
黒い布を巻く
子ども用白Tシャツに両端を縫って輪にした手ぬぐいなどを縫いとめる

●おばさん（実は山姥《やまんば》）①～④
（クラスの人数に合わせて調節する）

浴衣に細長い布を巻き、後ろでリボン結び。脱ぐと、山姥の衣装になる

スズランテープを裂いてヘアピンでとめる
茶色いビニールテープを使ってもOK
大人用Tシャツに、細い布を脇で堅結ぶ

●ナレーター
（保育者）

大道具・小道具

●りんご

色画用紙の葉と茎

運動会用玉ころがしの赤い大玉に、色画用紙の葉と芯をつける

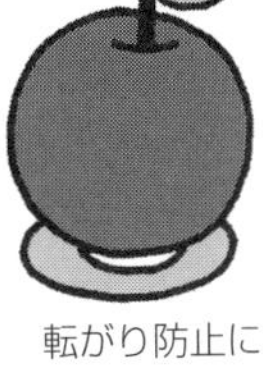
転がり防止に輪投げの輪

●ケーキ

段ボール箱
白
黄色

カラービニールテープや色画用紙で作ったイチゴ
パッキング材
色画用紙

●障子

段ボール板やついたてに、障子に見えるように白と茶色の紙を貼る。倒れないように足をつける

茶色いテープを使ってもOK

ナレーター ▼ 昔々ある山奥のお寺に、和尚《おしょう》さんとこぞうさんたちが住んでいました。ある日、こぞうさんたちが山の向こうに住んでいるおばさんの家にあそびに行くことになりました。

和尚 ▼ こぞうや、山の向こうには怖い山姥《やまんば》がいて、通りかかる人を食ってしまうという。困ったときにはこれを使いなさい。

こぞう①〜④ ▼ はい、和尚さん。行ってきまーす。

ナレーター ▼ こぞうさんは三枚のおふだを持って出かけました。えっちらおっちら山を越え、夕方になったころ、一軒の家に着きました。

こぞう①② ▼ ああ、やっと着いた。きっとここがおばさんの家だ。おばさーん!

おばさん① ▼ ホッホホッホ、こぞうたちや、よく来たねぇ。

おばさん②〜④ ▼ ホッホホッホ、かわいいこぞうたちだねぇ。

こぞう③④ ▼ おばさん、このおばさんたち誰?

おばさん① ▼ 向こうの山から来た友だちだよ。さぁさぁ家にお入り。

おばさん② ▼ 今ごちそうを作るから、まず服を脱いでお風呂にお入り。

こぞう①〜④ ▼ はーい。

和尚は舞台上に座っている。こぞうたち登場。和尚のそばに座る。

和尚、こぞうに三枚のおふだを渡す。

こぞう出かける。和尚退場。

こぞう、舞台をひとまわりする。

こぞう、舞台のそでに向かって呼びかける。

おばさん登場。実は山姥だが、こぞうはまだ気づかない。3人のおばさん登場。

舞台上に障子を出す。

こぞう、いったん幕の陰に入り、下着になって手ぬぐいを首にかけ、戻る。

おばさん①②▼きれいに洗ったかい。ちょっともんであげるよ、たくさん歩いて疲れただろう。

おばさん、こぞうの体をもみほぐす。

おばさん③④▼肉はよくもむと柔らかくなっておいしいからね。

こぞう①②▼え、何て言ったの？

おばさん①②▼なんでもないよ。ちょっと塩をふろうかねぇ。

こぞう③④▼おばさん？　ねぇ、本当におばさんなの？

おばさん③④▼何言ってるの、おばさんに決まってるじゃないの。さて、ごちそう作りの続きだ。

おばさんたち、あわてて障子の後ろへ。

ナレーター▼こぞうさんたちは、そっと障子の向こうをのぞいてみました。すると…
そこにいたのはおばさんではなく、なんと山姥たちだったのです！　山姥は包丁を研《と》いでいました。こぞうさんたちを食べようとしていたんですね。

ジャジャーーン（効果音）

こぞう①〜④▼大変だ！　早く逃げなくちゃ！

こぞう逃げ出す。障子を片づける。

山姥①〜④▼あ、ごちそうが逃げるぞ。待てえ〜〜！

山姥登場。手をつないで追いかけてくる。

こぞう③④▼ひゃ〜、助けてー。

こぞうと山姥、舞台上で追いかけっこ。

こぞう①②▼そうだ！　和尚さんからもらったおふだを使おう。　ええい！

ナレーター▼すると、大きなりんごが出ました。

POINT
どんな食べ物を出すかは、クラスで話し合って決めましょう。出し方も、上からどーんと下ろしたり、大道具の影から出すなど、工夫します。

山姥①②▼これはおいしそうだ。

ナレーター▼食いしん坊の山姥は、りんごをむしゃむしゃ食べ始めました。こぞうさんはそのすきにどんどん逃げました。

山姥①②▼あ〜うまかった。ありゃ、こぞうはどこじゃ？　待て〜！

ナレーター▼山姥は、あれよあれよという間に追いついてきました。足が速かったのですね。こぞうさんは二枚目のおふだを投げました。

こぞう③④▼ええい！

ナレーター▼こぞうさんがおふだを投げると、大きなケーキが出ました。

山姥③④▼おお〜〜っ、おいしそうなケーキだ！

ナレーター▼ケーキを食べ終わった山姥は、また追いついてきました。

おふだを一枚投げる。ピアノなどで効果音。作りものの大きなりんごを舞台中央に出す。

こぞう、いったん幕の陰に入り、山姥がりんごを食べ終わったらまた舞台に出る。

こぞう、二枚目のおふだを投げる。

ピアノなどで効果音。大きなケーキを出す。

山姥、ケーキのそばに行き、食べるまねをする。

ラップダンサーになった山姥

こぞうさんは、三枚目のおふだを投げました。

こぞう①② ▼ ええい！

ナレーター ▼ おやおや、今度は楽しい音楽が流れてきて、ダンスが始まりました。

POINT ラップは振りつけどおりに踊れなくても、気分を楽しみながら自由に踊りましょう。

ナレーター ▼ あらあら、いつの間にか山姥も一緒になって踊り始めましたよ。そこへ、心配になった和尚さんがこぞうさんを迎えに来ました。

和尚 ▼ どうした、こぞうや。大丈夫か？

こぞう③④ ▼ あ、和尚さん。三枚のおふだのおかげで助かりました！

山姥③④ ▼ いやー、すっかりおなかもいっぱいになったし、ダンスも楽しかった。もう、こぞうさんは食べないよ。

和尚 ▼ 山姥や、もう悪さはやめて、みんなと仲よく踊っとれ。

山姥 ▼ そうだな、そのほうが楽しいや！

ナレーター ▼ それからは、山に行くと山姥のラップが見られるんですって。

ピアノなどで効果音。

ラップの音楽とともにダンサー登場。ダンサーたちが踊っている間に、山姥いったん退場し、ラッパーになって登場。

全員で躍る。和尚登場。曲、小さくする。

全員でラップを踊ってフィナーレ。

4〜5歳

「うらしまたろう」から

わがままたろう、みんなと仲よしになる

うらしまたろうが、カメを助けたお礼に竜宮城へ招待されます。少しわがままなたろうは、寄り道したり、カメが誘った魚やタコなどとごちそうを分けるのはいやと断ったりします。でもやっぱり、みんなといっしょが楽しいと気がついて…。

劇あそびを始める前に…

海のイメージを広げよう

「うらしまたろう」のお話をしたら、海のお話をみんなでして、海に興味を向けましょう。

「海ってどんなところ？」「海で何をしたことがある？」「海の好きなところや嫌いなところは？」

海の歌を歌ったり、どんな魚がいるか本や図鑑を見たり、製作で好きな魚をたくさん作ったり…。子どもたちの中に海のイメージを広げましょう。

保育室を海のムードにして

みんなで作った海を窓や壁に貼り、ロッカーやピアノなどに水色系の布やビニールなどをかけると、部屋全体が海みたい。海の雰囲気が出来上がったら、もう一度、「うらしまたろう」のお話を読んで、「みんななら、何になりたい？」と役づくりの話をして、劇あそびに発展させましょう。

登場人物と衣装

●うらしまたろう

釣り竿
ゴムひもを輪に
スズランテープ

【たろうの髪】
画用紙のベルトをクレープ紙で包む
おじいさん用は白か灰色で！

まとめてしばる
ひっくり返す
クレープ紙

●カメ

ビニールなどのかごにひもをつける
スズランテープ

●カニ
●ヒラメ
●タコ

●竜王

●おと姫

●ナレーター（保育者）

切り取る
ビニール袋

シャツとスカート上にかぶり、帯をする。

大道具・小道具

●たろうのヒゲ

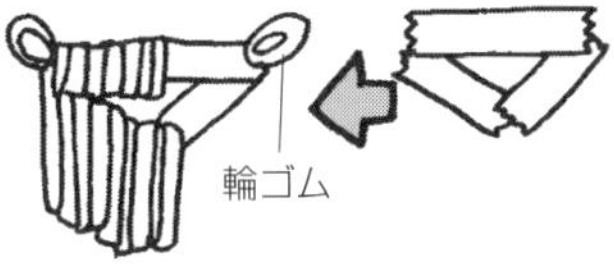
ガムテープを三角につなぐ。
粘着面に毛糸（白）を貼る。
輪ゴム

●竜王の椅子

段ボール箱に背もたれをつける。

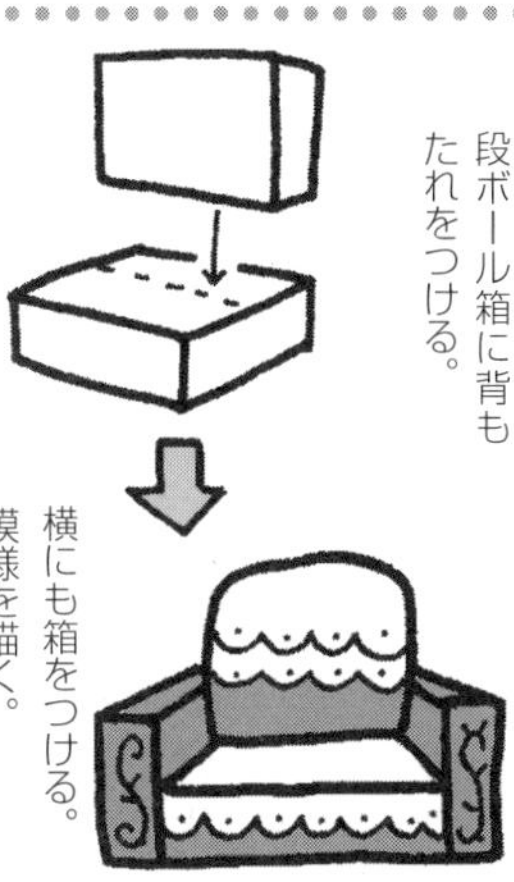

横にも箱をつける。模様を描く。

●玉手箱

菓子箱に金紙を貼って模様を描く。

中に白髪のかつらとヒゲを入れておく。

ナレーター▼昔々、海辺の村にうらしまたろうという若者が住んでいました。ある日、砂浜で子どもたちにいじめられているカメを助けてやりました。五色の美しいカメは、うれしそうに海に帰っていきました。次の日…。

波の音
（箱に入れた豆を揺する）

たろう▼昨日はちっとも魚が釣れなかったけど、今日は釣れるといいなあ。

たろう、釣りざおを持って幕前に登場。

カメ▼もしもし、うらしまたろうさん。昨日は五色のカメを助けてくださってありがとうございました。お礼に竜宮城にお連れします。どうぞ一緒に来てください。

カメ登場。

たろう▼えー、本当？　うれしいなあ。じゃあ、よろしくお願いします。

カメとたろう、手をつないで歩く。海の背景を出す。たろうは珍しそうにキョロキョロ。

たろう▼わー、海の中はきれいだなあ。あ、大きな貝、みーっけ！　あ、カニ、みーっけ！

ナレーター▼たろうは好きなところに寄り道ばっかりで、なかなか竜宮城に着きません。

カメは腕組みをして困り果てる。

カメ▼うらしまさん、これではいつになっても竜宮城に着きません。

たろう▼だって、せっかく海の中に来たんだもん。たくさんあそばなくっちゃあね。

あっちこっちと動き回るたろう。ますます困って腕組みするカメ。

タイ▼やあ、カメくん。あれっ、きみはだれだい？

タイ登場。

わがままたろう、みんなと仲よしになる

たろう ▼ ボクはうらしまたろう。竜宮城へ連れていってもらうんだ。いいでしょう。

カメ ▼ タイくんも一緒に行きませんか？

たろう ▼ だめだめ。タイなんて誘ったら、ボクのごちそうがなくなっちゃうよ。

その後、ヒラメ、タコ、順番に登場し、タイと同様なやりとりをする。

カメ ▼ たろうさん、やっと竜宮城に着きました。やれやれ。

たろう ▼ わーいわーい。竜宮城に着いた着いた。

竜王 おと姫 ▼ こんにちは。

カメ ▼ たろうさん、竜王さまとおと姫さまにごあいさつは？

たろう ▼ あいさつなんていいよ。ボク、おなかすいちゃったな。

カメ ▼ わかっています。でも先にごあいさつをしてから…。

たろう ▼ はい、はい。こんにちは。

竜王 ▼ うらしまたろうさん、よく来てくれた。おと姫の命を助けてくれてありがとう。

たろうを指さす。得意げに言う。

困った顔のカメ。タイはびっくりしてそこに立ったまま。タイ、ヒラメ、タコの3人は寂しそうに見送る。

たろう、一人でうれしくて、踊りまわる。竜王の椅子、テーブルを舞台上に出し、竜王、おと姫、登場。

気づかず踊りまわっている。カメは見かねて、たろうにそっと声をかける。

あまり気持ちが入っていないあいさつをする。

たろう ▼ えっ、おと姫?

おと姫 ▼ はい、あの五色のカメは私です。海の上がどんなか知りたくて、カメの姿になって見に行ったのです。でも、子どもたちにつかまってしまって…。

たろう ▼ あのカメがこんなに美しいお姫さまだったなんて!

おと姫 ▼ 私はお友だちがほしくてほしくて、海の上に行ってみたのです。竜宮城に一人でいるのはとっても寂しいの。

たろう ▼ ふーん。ボクなんか、いつも友だちとケンカばっかり。だから寂しいと思ったことがないなあ。

カメ ▼ たろうさん。やっぱり、タイ、ヒラメ、タコや魚の仲間をいっぱい誘って、みんなで竜宮城でパーティーをしましょうよ。

たろう ▼ う～ん。ボクのごちそうが少なくなっちゃうなあ…。

おと姫 ▼ ごちそうは、たろうさんが食べきれないほどたくさん用意しますから、安心してください。にぎやかになったら、私はとってもうれしいのです。

たろう ▼ うん! それならいいよ。

カメ ▼ では、たろうさん、またみんなを誘いに行きましょう!

びっくりするポーズを取って言う。

竜王とカメ、深くうなずく。

わがままたろう、みんなと仲よしになる

ナレーター▼ たろうは、カメと一緒に魚の仲間たちを呼びに、海に出かけました。

たろう▼ おと姫さまーっ。魚の仲間たちをいっぱい、連れてきましたよーっ。

おと姫▼ たろうさん、本当にありがとうございます。さあ、どうぞ。ごちそうを食べてください。

竜王▼ たろうさん、姫を助けてくれた上に、友だちをたくさん連れてきてくれて、ありがたい。

魚たち▼ おと姫さま、私たちまでご招待くださってありがとうございます。お礼に、私たちの踊りを見てくださいな。みんな、大きな声で歌ってね。竜王さま、指揮をお願いします。

竜王▼ わかった。ではみなの者、始めるぞ。

全員▼ ♪うみのそこには　あおいうち

タコ▼ うらしまさん、本当はやさしいんだね。

タイ　ヒラメ▼ ほんと、ほんと。

たろう▼ さっきはごめんね。やっぱりみんな一緒が楽しいね。

軽快なBGM。舞台はパーティーの用意。テーブルにごちそうがいっぱい並ぶ。たろうとカメ、走って戻る。その後ろに魚たちが続き、全員登場。

大きな声で「うみのそこにはあおいうち」を歌い、歌に合わせておと姫・踊り子が好きなように踊る。（楽譜は巻末92ページ）

タコ ▼ うれしくて体がムズムズ…。一緒にあそびたくなっちゃった。
♪ズンズンチャチャ　ズンズンチャチャチャ……、
ねぇ、うらしまさんもみんなも一緒にやりましょう！
♪ズンズンチャチャ　ズンズンチャチャ……

全員 ▼ あー、おもしろかった！

POINT
「あじ」のところを登場人物に変えてあそびます。だんだんと人が増えて、最後は全員でユーモラスな動きを楽しみましょう。

ナレーター ▼ こうして、うらしまたろうは何日も何日も楽しく過ごしました。
ある日のこと、たろうは急に村を思い出しました。

たろう ▼ お父さん、お母さんはどうしているかな…。
もうそろそろ帰りたいなあ。

おと姫 ▼ もっとゆっくりしていってください。

たろう ▼ でも、魚の仲間たちがいるから、おと姫さまは寂しくないよね。
ボクも、ケンカ友だちやお父さん、お母さんに
会いたくなっちゃった。

おと姫 ▼ そうですね。お別れするのは悲しいけれど、仕方がありません。
これは、おみやげの玉手箱です。
これさえあれば、いつでもまた竜宮城に来ることができます。
でも、絶対にふたは開けないでくださいね。

タコたちが突然前に来て、「あじのひらき」の歌であそび出す。（楽譜は巻末92ページ）

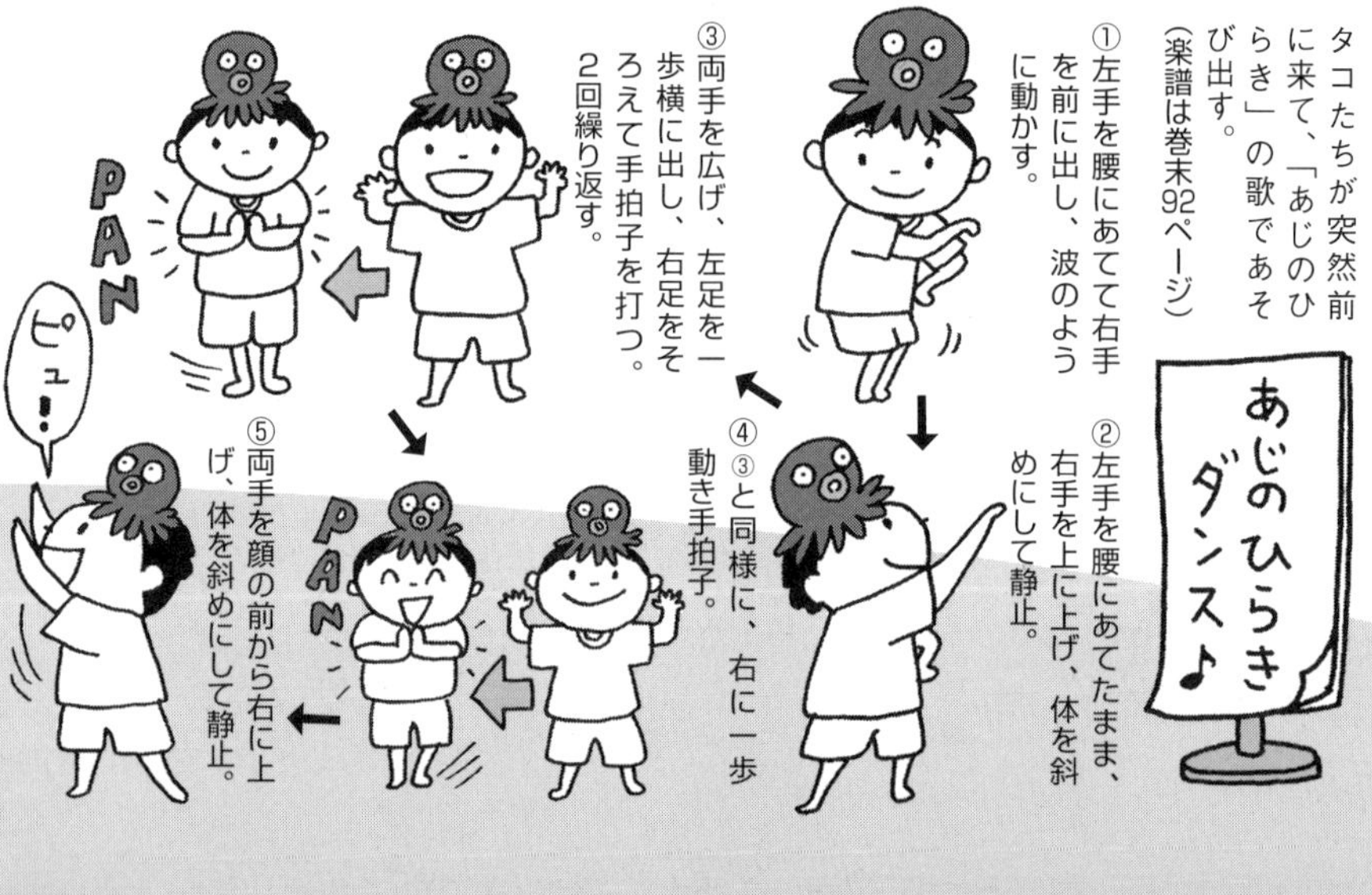

①左手を腰にあてて右手を前に出し、波のように動かす。

②左手を腰にあてたまま、右手を上に上げ、体を斜めにして静止。

③両手を広げ、左足を一歩横に出し、右足をそろえて手拍子を打つ。2回繰り返す。

④③と同様に、右に一歩動き手拍子。

⑤両手を顔の前から右に上げ、体を斜めにして静止。

わがままたろう、みんなと仲よしになる

たろう▼はい、わかりました。ありがとう、みなさん。さようなら。

全員▼さようなら、気をつけて！

ナレーター▼さてみなさん。玉手箱を持って帰ったうらしまたろうは、
そのあとどうなったのか、知っていますか？
ちょっとうらしまさんに聞いてみましょう。
みんなで呼んでみようね。うらしまさーん！

たろう▼はいはい、なんですか。

ナレーター▼あら、ほんとに、うらしまたろうさんですか？

たろう▼はい。砂浜に着いたら、どうしても玉手箱の中が見たくなって
ね。それで、おと姫さまとの約束をやぶって玉手箱を開けたら、
こんなおじいさんになっちゃいました。

ナレーター▼あらまあ、そうですか。
やっぱり約束は守ったほうがいいですよね。
あらら……。私までが、こんなおばあさんになってしまいまし
たよ。ホホホ。

たろう▼おお、友だちができてうれしいよ。

ナレーター▼昔々の、お話でした。

全員で手を振って見送る中、カメとたろう、手をつないで退場。
幕、閉じる。

幕前に、玉手箱を持ったナレーター登場。
観客に呼びかけ、一緒に大声で呼ぶ。

ひげ、白髪をつけ、おじいさんになったたろう登場。

年とった感じ。

急いで白髪をつけ、おばあさんに変身。

二人で顔を見合わせにっこり。手をつないで退場。

シンデレラはどこ？

残された靴でシンデレラ探しをします。ただし、思いきりジャンボな靴を作って。観客席にも参加してもらいましょう。

（台詞はすべて保育者）

①
「王子さまと楽しくダンスしていたシンデレラ。12時の鐘の音であわてて帰り、靴を片方落としてしまいました。王子さまは、靴を手がかりにシンデレラ探しです。ほら、これがその靴ですよ。」
●舞台にジャンボでキラキラな靴を出す。

②
「うわぁ、ジャンボな靴ですねぇ。どんなシンデレラなんでしょう。」

「では、シンデレラ候補のみなさん、靴をはいてみてください。一番の方、あら、園長先生。」
●園長先生や保育者、栄養士など、紹介しながら靴を履いてもらう。

③
「シンデレラはお母さんかもしれませんよ。保護者の方もどうぞ！」
●観客席の保護者も誘い、何人かに履いてもらう。

④
「では最後の方。」

⑤
「まぁ、ぴったり。○○先生がシンデレラだったんですね。みつかってよかったですね。」
●最後に登場する保育者、ジャンボな作りものの足をつけ、靴を履く。

1章 0・1・2歳児のあそびから劇あそび

▶P.6　変身電車「何になるのかな？」

かもつれっしゃ

作詞／山川啓介
作曲／若松正司

かも つれっしゃ シュッシュッシュッ　いそ げいそげ シュッシュッシュッ
こん どのえきで シュッシュッシュッ　つもうよにも つ ガ チャン

1章 0・1・2歳児のあそびから劇あそび

▶P.11　アイアイ探検隊が行く

アイアイ

作詞／相田裕美
作曲／宇野誠一郎

アーイ アイ（アーイアイ） アーイ アイ（アーイ アイ） おさ るさーんだ よ
アーイ アイ（アーイ アイ） アーイ アイ（アーイ アイ） みな みのしまー の
アイアイ （アイアイ） アイアイ （アイアイ） し ーっぽのな が い
アーイ アイ（アーイ アイ） アーイ アイ（アーイアイ） おさ るさ んだ よ

保育者と保護者がパッとできる劇あそび

▶P.20　みんなで歌おう「山小屋いっけん」

山小屋いっけん

作詞／志摩　桂
アメリカ民謡

やま ごや いっ けん　あり まし た　まど から みて いる　おじ いさ ん
かわ いい うさ ぎが　ぴょん ぴょん ぴょん　こち らへ にげ てき　た
たす けて！ たす けて！　おじ いさ ん　りょう しの てっ ぽう こわ　いん です
さあ　さあ　はや　く　おは いんなさい　もう　だい じょう ぶだ　よ

2章　いつもの歌から劇あそび

▶P.30　バナナくんの冒険

とんでったバナナ

作詞／片岡　輝
作曲／桜井　順

バナ ナが いっ ぽん　あり まし た　あ おい みな みの　そら のし た
こど も が ふた りで　とり やっ こ　バナ ナは ツルン と とん でっ た バナ
ナ　はど　こへ いっ たかな　バナナンバナナン　バ　ナーナン

楽譜

2章 いつもの歌から劇あそび

▶P.27 赤オニ青オニ、力を合わせて綱引き勝負

赤鬼と青鬼のタンゴ

作詞／加藤　直
作曲／福田和禾子

あきかぜの　わすれもの　ゆ　うや　け　ピーヒャララ
こんも　り　ふか　ーい　や　まおーくに　ー
かぜにのっ　て　と　ど　い　た　ーー　ーー
つのつのいっぽん　あかおにどん　つのつのに　ほん　あおおにどん
こころうーかれて　こころうーかれて　お　どりだ　す　ー
つきのひと　み　ロンロンロンロン　だんだらつ　の　ツンツンツンツン　ああ
よるはいまー　おどってるー　タンゴのリ　ズ　ム

2章 いつもの歌から劇あそび

▶P.38 ぴったりマスクを探そう

コンコンクシャンのうた

作詞／香山美子
作曲／湯山　昭

1. りすさんが　マスクした　ちいさい
2. つるさんが　マスクした　ほーそい
3. ぶうちゃんが　マスクした　まあるい
4. かばさんが　マスクした　おおきい
5. ぞうさんが　マスクした　なーがい
ちいさい　ちいさい　ちいさい
ほーそい　ほーそい　ほーそい
まあるい　まあるい　まあるい
おおきい　おおきい　おおきい
なーがい　なーがい　なーがい
マスクした
コン　コン　コン　コン　クシャン

3章 ふだんのあそびから劇あそび

▶P.49 ねこの先生の誕生日

くまさん

わらべうた

くまさん　くまさん　まわれみぎ
くまさん　くまさん　りょうてをついて
くまさん　くまさん　かたあしあげて
くまさん　くまさん　さようなら

保育者と保護者がパッとできる劇あそび

▶P.44　追いかけ歌でカレーライスを作ろう

カレーライスのうた

作詞／ともろぎゆきお
作曲／峯　陽

に んじん (にんじん) た ま ねぎ (たまねぎ) じゃ が い も (じゃがいも) ぶ
た にく (ぶたにく) お な べで (おなべで) い た めて (いためて) ぐ つぐ つに ま しょう

3章 ふだんのあそびから劇あそび

▶P.51　ねこの先生の誕生日

わたしはねこのこ

作詞／作曲　谷口　力

わ た し は (ね こ せん せい ね こ せん せい
ね こ せん せい ね こ せん せい) お め め は
クリ クリ クリ クリ ク リ クリ クリ クリ ー お ひ げ は ピン
お ひ げ は ピン お ひ げ は お ひ げ は ピン ピン ピン

4章 昔話をちょこっとアレンジして劇あそび

▶P.83／84　うらしまたろう

うみのそこにはあおいうち

作詞／立原えりか
作曲／湯山　昭

う　みの　そこには　あおいう　ち
さーかな　つくりが　すんでい　た
まい　にち　まいにち　おさかな　を
いくつも　いくつも　つくって　た

あじのひらき

作詞／作曲　不明

ズン　ズンチャチャ　ズン　ズンチャ　チャ　ズン　ズン　チャ　チャ　ホイ
ズン　ズン　チャ　チャ　ズン　ズンチャ　チャ　ズン　ズン　チャ　チャ　ホイ
あ　じ　の　ひ　ら　き　が　し　お　ふい　て　ピュ

編著者紹介

グループこんぺいと

幼・保・小の教師9人が集まって、保育現場を持ちながら企画編集する会社を設立。神奈川県相模原市相模大野と東京都世田谷区に子どものためのスペースを持つ。

〒158-0082
東京都世田谷区等々力3-6-3　梓ビル101
http://www.compeito.jp

執　　筆：**菅野満喜子**
イラスト：**ひろいまきこ**
編集協力：**松下春枝**（グループこんぺいと）
協　　力：**北村治子**（深沢幼稚園・神奈川県）
　　　　　中川麗子、比嘉かほる
楽　　譜：**石川ゆかり**
デザイン：**長谷川あさ**

発表会《はっぴょうかい》はこれで完璧《かんぺき》！　0〜5歳児《さいじ》のカンタン劇《げき》あそびBEST13

2005年9月10日　初版発行
2007年2月 1 日　4 刷発行

編著者　グループこんぺいと
発行者　武 馬 久 仁 裕
印　刷　株式会社　太洋社
製　本　株式会社　太洋社

発行所　株式会社 黎《れい》明《めい》書《しょ》房《ぼう》

〒460-0002　名古屋市中区丸の内3-6-27　EBSビル
☎052-962-3045　FAX052-951-9065　振替・00880-1-59001
〒101-0051　東京連絡所・千代田区神田神保町1-32-2
南部ビル302号　☎03-3268-3470

落丁本・乱丁本はお取替いたします。　ISBN978-4-654-00195-8

日本音楽著作権協会(出)許諾第0510252-704号